Lea & Stefan Schweyer

»... sterben wir,
so sterben wir dem Herrn«

Bestattung und Trauerfeier
aus christlicher Sicht

Die Deutsche Nationalbibliothek verzeichnet diese Publikation in der Deutschen Nationalbibliografie; detaillierte bibliografische Daten sind im Internet über http://dnb.ddb.de abrufbar.

ISBN 978-3-905290-84-4

Die Bibeltexte entstammen der Zürcher Bibel 2007.

Coverfoto: Susanne Schweyer
Umschlaggestaltung & Layout: Stefanie Krebser
                     & Mirjam Schaad

Gedruckt von: Friedrich Pustet GmbH & Co. KG
      93008 Regensburg, Deutschland

Beilagen:
Wünsche für die Bestattung: Lea & Stefan Schweyer
Medizinische Lebensverlängerung (Patientenverfügung):
      FMH Verbindung der Schweizer Ärztinnen und Ärzte
      www.fmh.ch/services/patientenverfuegung.html
Organspende-Ausweis:
      Schweiz: Swisstransplant www.transplantinfo.ch
      Deutschland: Bundeszentrale für gesundheitliche Auf-
      klärung (BZgA) www.organspende-info.de
Zusammenstellung der Beilagen: Stefanie Krebser

Inhaltsverzeichnis

1. »Statt einem Vorwort« – Das Wichtigsten in Kürze

*D*er Apostel Paulus hat der Gemeinde in Rom geschrieben: »Leben wir, so leben wir dem Herrn, sterben wir, so sterben wir dem Herrn. Ob wir nun leben oder sterben, wir gehören dem Herrn« (Römer 14,8).

Wie kann in unserer Bestattungspraxis zum Ausdruck kommen, dass wir auch im Sterben unserem Herrn Jesus Christus gehören? Das Ziel unserer Reise können wir Ihnen schon hier verraten – so wissen Sie, auf welche Lektüre Sie sich einlassen: Wir halten die *Erdbestattung* für die beste Form, um den christlichen Glauben an die leibliche Auferstehung zum Ausdruck zu bringen. Und jeder Mensch ist unserer Meinung nach wichtig genug für eine *öffentliche Trauerfeier*.

Dieses Buch bietet Entscheidungshilfen und Argumentationen zur Bestattungspraxis und illustriert diese mit zahlreichen Beispielen aus dem Leben. Wir gehen davon aus, dass all unser Verhalten – also auch der Umgang mit Verstorbenen – Ausdruck unseres Glaubens ist (→ Kap. 2). Bei unseren Überlegungen sind biblisch-theologische Leitlinien grundlegend (→ Kap. 3). Hier erfolgen die zentralen inhaltlichen Weichenstellungen. Aufbauend darauf und in Auseinandersetzung mit unserer Kultur (→ Kap. 4) geben wir praktische Hinweise für die Bestattung (→ Kap. 5) und die Gestaltung der Trauerfeier (→ Kap. 6).

Unsere Überlegungen münden in die Einladung ein, sich auf den eigenen Tod vorzubereiten (→ Kap. 7). Im Anhang bieten wir Formulare an, in welchem Wünsche zur Bestattung und Trauerfeier festgehalten werden können. Zögern Sie nicht, uns Ihre Fragen und Kommentare mitzuteilen. Auch für Gespräche oder die Durchführung von Seminaren und Vorträgen sind wir gerne bereit.

Wir danken dem Diakonissenmutterhaus St. Chrischona herzlich für die Gewährung eines großzügigen Druckkostenzuschusses und dem Verlag arteMedia für die kompetente Begleitung der Publikation.

Lea & Stefan Schweyer

Schäferstrasse 8, 4125 Riehen
www.rund-ums-sterben.ch
info@rund-ums-sterben.ch

2. »Alles spricht« – Weshalb der Umgang mit Toten nicht egal ist

*D*er Tod geht uns alle an. Niemand kann sich davon ausnehmen. Es kommt der Moment, da werden Sie den letzten Atemzug tun und Ihr Herz schlägt zum letzten Mal. Das Blut fließt nicht mehr durch die Adern, der Leib ist nicht mehr mit Leben gefüllt. Was auf der Erde zurückbleibt, ist Ihr lebloser Körper. Was soll damit geschehen?

Die Fragen rund um Tod und Sterben kann man aus verschiedenen Blickwinkeln angehen. Aus der Sicht des Verstorbenen könnte man ja sagen: Was mit dem leblosen Körper geschieht, spielt jetzt keine Rolle mehr. Tot ist tot. Diese Sichtweise hat tatsächlich einen wahren Kern. Aus christlicher Perspektive ist der Umgang mit dem toten Körper im Blick auf die ewige Bestimmung des Verstorbenen tatsächlich nicht entscheidend. Um es mit christlichen Worten zu sagen: *Bestattungsart und Trauerfeier sind nicht heilsentscheidend*. Heilsentscheidend ist allein der Glaube an Gott. Der Apostel Paulus hat es in seinem Brief an die Gemeinde in Rom so formuliert: *»Denn wenn du mit deinem Mund bekennst, dass Jesus der Herr ist, und in deinem Herzen glaubst, dass Gott ihn von den Toten auferweckt hat, wirst du gerettet werden«* (Römer 10,9). Entscheidend für die Errettung ist also der Glaube an die Auferstehung Jesu Christi und das Bekenntnis zu ihm als dem Herrn![1]

---

[1] Wenn Sie mehr über den christlichen Glauben wissen möchten, empfehlen wir Ihnen als Einführung: Stefan Schweyer, *Gesunder Glaube. Nahrhafte Impulse zum Apostolischen Glaubensbekenntnis*, Riehen: arteMedia, 2013.

Was heißt das? Zunächst einmal führt das zu einer *Gelassenheit* und *Freiheit* in der Bestattungskultur. Es wäre ganz unchristlich, wenn plötzlich die Angst dominieren würde, dass das Heil des Verstorbenen – ob das nun mich oder meine Angehörigen betrifft – von der Bestattungsform abhängt. Allzu schnell könnten ängstliche Fragen einkehren: Was ist mit meinem Angehörigen, der kremiert wurde? Ist damit seine Auferstehung verhindert? Was ist mit Menschen, deren Leichnam gar nie gefunden wurde? Muss ich mir Sorgen machen, wenn eine Beerdigung gar nicht christlich war? Sie brauchen *keine Angst* zu haben! Das Heil hängt nicht an einer spezifischen Bestattungskultur.

Ist es also gleichgültig, wie wir mit den Toten umgehen? Nein, das ist es auch nicht. Wir haben eben gesehen, dass der Kern des christlichen Glaubens im Bekenntnis zu Jesus Christus als Herrn besteht. Dies eröffnet auch einen neuen Blickwinkel auf die Bestattungskultur. *Wie können Christen im Umgang mit Toten möglichst gut zum Ausdruck bringen, was sie glauben?* Es geht also nicht darum, ob ein bestimmtes Verhalten heilsnotwendig ist oder nicht, sondern darum, wie ich selbst im Tod noch bezeugen kann, dass Christus der Herr ist. Die *Freiheit* im Blick auf die Bestattungskultur ist eine Chance. Soweit es in unserer Macht und im Rahmen unserer Möglichkeiten steht, können wir den Umgang mit Toten bewusst so gestalten, dass darin der christliche Glaube zum Ausdruck kommt. Dies kann auf vielerlei Arten geschehen: durch die Texte in der Todesanzeige, durch die Worte am Grab, bei der Abschiedsfeier, durch den Lebenslauf, durch Textlesungen aus der Bibel, durch Lieder und Gebete.

Nicht nur die Worte reden, sondern auch die Handlungen, die ohne Worte vollzogen werden. Der Kommunikationswissenschaftler Paul Watzlawick hat das in seiner ersten grundlegenden Regel über Kommunikation so formuliert: »Man kann nicht *nicht* kommunizieren!«[2] Positiv formuliert: »*Alles spricht!*«. Was immer mit einem toten Menschen geschieht, ist eine Botschaft. Es ist eine andere Botschaft, ob ich einen toten Körper pflege, wasche und festlich anziehe, oder ob er einfach mit einem Leichentuch bedeckt wird. Mit einer öffentlichen Einladung zu einer Abschiedsfeier wird eine andere Nachricht vermittelt, als wenn der Abschied nur im kleinsten Familienkreis stattfindet. Ganz unabhängig davon, für welche Bestattungsart und Trauerfeierform Sie sich entscheiden: Immer vermitteln Sie mit Ihrem Verhalten und der Gestaltung des Abschieds eine Botschaft.

Natürlich, die Nachrichten, welche nicht verbal, sondern durch Handlungen und Zeichen vermittelt werden, sind nicht unmittelbar verständlich. Aus Beobachtersicht kann jedes Verhalten unterschiedlich gedeutet werden. Verständlich wird der ganze Vorgang des Abschieds und der Bestattung dann, wenn *die sprachlichen Äußerungen mit dem Verhalten übereinstimmen*. Missverständlich wird es, wenn Sprache und Verhalten nicht deckungsgleich sind: So wird zum Beispiel eine hohe Spannung erzeugt, wenn man bei einer Urnenbestattung von »Verwesung« spricht, oder wenn man bei einer Erdbestattung die Formel »Asche zu Asche« verwendet. Halten wir fest: Wie im gesamten Leben, so gilt auch bei der Bestattung: Wir senden mit unserem Verhalten Botschaften aus. Je besser diese Botschaften mit dem übereinstimmen, was gesagt wird, desto verständlicher ist die Botschaft.

---

[2] Paul Watzlawick u. a., *Menschliche Kommunikation. Formen, Störungen, Paradoxien*, Bern: Huber, 1969, 53.

Aus dieser Perspektive wenden wir uns einigen Fragen der Begräbniskultur zu. Dabei beschränken wir uns hier auf Punkte, die unserer Wahrnehmung nach im gegenwärtigen Umgang mit Toten zu wenig Beachtung finden, insbesondere die Bestattungsform und die Gestaltung der Abschiedsfeier. Es gibt noch viele andere, ebenso wichtige Aspekte, so zum Beispiel die Trauerarbeit, die Seelsorge an Sterbenden, die ethischen Überlegungen zu aktiver und passiver Sterbehilfe und zur Organtransplantation, die hier nur kurz angesprochen werden, immer jedoch mit Angabe weiterführender Literatur.

Bevor wir uns den praktischen Aspekten der Begräbnisform zuwenden, lohnt es sich, in knappen Zügen zu skizzieren, welche Bedeutung der Tod aus christlicher Sicht (→ Kap. 3) und in unserer Gesellschaft (→ Kap. 4) hat. Hier erfolgen zentrale inhaltliche Weichenstellungen, die auf die Überlegungen zur Bestattungspraxis große Auswirkungen haben.

3. »Der letzte Feind ist der Tod« – zwischen Verdrängung und Beherrschung

Biblische Perspektiven

*a*us der Sicht der Bibel ist der *Tod nicht normal*. Er gehört nicht zur guten Schöpfung Gottes. In der Schilderung der Erschaffung dieser Welt in den ersten Kapiteln der Bibel tritt der Tod erst mit der Sünde in die Welt ein: »Denn Staub bist du, und zum Staub kehrst du zurück« (1Mose 3,19b; vgl. 1Mose 2,17). Also erst in dem Moment, in dem der Mensch nicht mehr Mensch sein wollte und Gott nicht mehr Gott sein ließ, sondern der Mensch selber Gott sein wollte, ist der Mensch vom Baum des Lebens – also vom ewigen Leben – getrennt (1Mose 3,22) und dem Fluch der Vergänglichkeit unterworfen. Dieser Fluch lastet ausgehend vom Menschen über der ganzen Schöpfung, so dass die ganze Schöpfung seufzt und danach lechzt, von der Vergänglichkeit befreit zu werden (Römer 8,20–22).

Der Tod ist daher für die Menschen *die große Katastrophe*. Denn wer stirbt, der ist vom Leben getrennt, der ist aus der Gemeinschaft der Menschen ausgeschlossen, und der kann auch Gott nicht loben (Jesaja 38,10–11.18). Das Totenreich ist der Ort der Gottesferne: »Die Verstorbenen sind von Gott endgültig geschieden.«[3] Es scheint, als sei der Tod die stärkste Macht, welche über den Menschen liegt.

---

[3] Schön herausgearbeitet bei Alexander Achilles Fischer, *Tod und Jenseits im Alten Orient und im Alten Testament*, Neukirchen-Vluyn: Neukirchener Verlag, 2005, 146.

Doch plötzlich gibt es Menschen, die sagen: Da gibt es einen, über den der Tod keine Gewalt ausüben konnte. *Die Macht des Todes ist gebrochen*: »Er hat den Tod besiegt und hat aufleuchten lassen Leben und Unsterblichkeit durch das Evangelium« (2Timotheus 1,10; vgl. auch Hebräer 2,14). Wie kann man so reden? Sinn – so unsere Sicht – machen diese Aussagen nur, weil ein Ereignis eingetreten ist, das von solch außerordentlicher Art war, dass es zum Wendepunkt der Geschichte wurde. Dieses Ereignis ist die *Auferstehung Jesu Christi von den Toten*.

Die allerwichtigsten Eckdaten zu Jesus: Vor rund 2000 Jahren tritt ein Mensch auf mit dem Namen Jesus, ein Jude. Er predigt, dass die gnädige Herrschaft Gottes im Anbrechen ist. Um ihn herum geschehen außerordentliche Dinge: Kranke werden gesund, Besessene werden frei, offensichtlichen Sündern wird Vergebung zugesprochen. Ist er der Messias, der von Gott verheißene Retter seines Volkes? Und dann spitzt sich alles zu: Jesus zieht in Jerusalem ein und wird als Messias, als Retter, bejubelt. Kurz darauf benimmt sich Jesus so, wie wenn er der Herr des Tempels ist und wirft die Geldwechsler und Händler aus dem Tempel. Der Zorn der gesamten religiösen und politischen Elite ist ihm damit sicher. Sein Leben steht auf dem Spiel. Und dann – in Vorahnung dessen, was kommt – sammelt Jesus seine Nachfolger, um mit ihnen das jüdische Passah zu feiern, die Erinnerung an die Errettung des Volkes Israels aus der Sklaverei Ägyptens. Und bei diesem Mahl nimmt Jesus Brot und Wein, deutet es auf seine eigene Person und sagt ihnen: »Das ist mein Leib, der für euch gegeben wird [...] Dieser Kelch ist der neue Bund in meinem Blut, das vergossen wird für euch«. Und tatsächlich. Kurze Zeit später wird Jesus wie ein Verbrecher verurteilt. Er hängt am Kreuz und stirbt. Der Tod hat über ihn gewonnen. Wirklich? NEIN! Der Tod konnte ihn nicht halten. Ostermorgen: Das Grab ist leer. Gott hat seinen Sohn von den Toten auferweckt. Total unbegreiflich. Alle Erwartungen, Hoffnungen, Vermutungen der Menschen werden über Bord geworfen. Etwas Neues bricht in diese Welt hinein. Ein Leben von einer ganz neuen Art. Nicht einfach die Rückkehr eines Toten in die alte, von der Vergänglichkeit beherrschte Existenz. Sondern ein Leben jenseits der Vergänglichkeit. Ein Leben von ganz neuer Qualität.

Und damit ist klar. *Der Tod ist keine Katastrophe mehr.*[4] Es gibt eine stärkere Macht. Es ist die Macht Gottes, die seinen Sohn aus den Toten geholt hat. Wie kann man da den Tod noch fürchten? »Verschlungen ist der Tod in den Sieg. Tod, wo ist dein Sieg? Tod, wo ist dein Stachel?« (1Korinther 15,54f). Durch den Tod und die Auferstehung von Jesus Christus ist die Macht des Todes gebrochen. Nicht der Tod hat das letzte Wort, sondern Gott – und zwar durch seinen Sohn Jesus Christus. Diese Macht Gottes über den Tod hat Auswirkungen auf die Menschen: Wer zu Jesus gehört, kann von ihm selbst durch den Tod nicht mehr getrennt werden (Römer 8,38f). Der Tod hat seine unheimliche Macht verloren. Ja, er ist nach wie vor »der letzte Feind« (1Korinther 15,26), aber ihm gehört nicht mehr der Sieg. Wer zu Jesus Christus gehört, braucht daher den Tod nicht mehr zu fürchten. Deshalb können wir mit Paulus sagen: *»Leben wir, so leben wir dem Herrn, sterben wir, so sterben wir dem Herrn. Ob wir nun leben oder sterben, wir gehören dem Herrn«* (Römer 14,8). Die christliche Gemeinde lebt mit der Verheißung, dass in dieser neuen, unvergänglichen Schöpfung *»der Tod nicht mehr sein wird«* (Offenbarung 21,4).

---

[4] Zur Relativierung des Todes durch Tod und Auferstehung von Jesus Christus siehe Eberhard Jüngel, *Tod*, Themen der Theologie 8, Stuttgart: Kreuz, 1971, 105–120.

Wir können diese Gedanken so zusammenfassen: Der Tod gehört untrennbar zum Menschsein, vermag den Menschen jedoch nicht zu zerstören. Die Macht des Todes ist durch die Auferstehung Jesu Christi in den Grundfesten erschüttert und wird dann, wenn Gott diese Welt zum Ziel bringt, nicht mehr existieren.

Was heißt das für unsere Haltung dem Tod gegenüber? Der Tod ist also nicht einfach eine gottähnliche Schicksalsmacht, der man hilflos ausgeliefert ist. Gott ist ein Gott des Lebens und er hat diese Welt als einen Ort des Lebens gedacht und geschaffen. Wer an diesen Gott glaubt und ihn anbetet, kann nicht einer Kultur des Todes huldigen. Vielmehr gilt es, der Todesmacht entgegenzutreten. Es gehört also zur tiefen christlichen Überzeugung, dass man dem Tod trotzt.

In unserem Kulturkreis kann man diesen Todestrotz in zwei Varianten beobachten: als *Verdrängung* oder *Beherrschung* des Todes – wir werden in den nächsten beiden Unterkapiteln gleich beide Varianten etwas ausführlich besprechen. Beiden gemeinsam ist der Versuch, als Mensch der Unausweichlichkeit des Todes aktiv zu begegnen, den Tod also nicht als schicksalshafte Macht anzunehmen, sondern dieser Macht zu widerstehen. Beide Varianten haben zum Ziel, das Leben vor dem Tod so zu gestalten, dass der Schatten des Todes möglichst klein gehalten wird. Es ist nicht zufällig, dass sich diese Umgangsformen mit dem Tod in einem christlich geprägten Umfeld besonders stark entwickelt haben. Kulturen, in denen der Tod eine göttliche Qualität und damit eine schicksalshafte Übermacht hat, sind zur Entwicklung eines solch aktiven Umgangs mit dem Tod nicht in der Lage. Es ist daher zunächst zu würdigen, dass Menschen und Gesellschaften eine Form der Lebensgestaltung entwickeln, welche von einer positiven Einstellung zum Leben geprägt sind und nicht überall nur Vorboten des Todes sehen.

Nun schwingt aber bei der Beherrschung und Verdrängung des Todes auch ein Aspekt mit, welcher diesem christlichen Kern widersprüchlich gegenübersteht, nämlich der Anspruch, den *Tod in den Griff zu kriegen*. Damit erneuert sich die uranfängliche Haltung des Menschen, sich nicht mit seinem Menschsein zu begnügen, sondern wie Gott sein zu wollen. In der Verdrängung des Todes widerspiegelt sich der Wille zur Unvergänglichkeit, in der Beherrschung der Wille zur Macht. Verdrängung und Beherrschung sind Varianten im Umgang mit dem Tod, die ohne Gott auskommen, weil der Mensch sich an Gottes Stelle setzen will und göttliche Unvergänglichkeit und Macht beansprucht. Was also zunächst durchaus christliche Motive hat, verkehrt sich ins Gegenteil, wenn im Umgang mit dem Tod Gott seinen Platz strittig gemacht wird. Damit wiederholt sich im Umgang mit dem Tod die Ursünde des Menschen.

Schauen wir diese beiden Umgangsformen mit dem Tod noch etwas genauer an:

Verdrängung des Todes

 ass der Tod an den gesellschaftlichen Rand gedrängt wird, erkennen wir an einigen Merkmalen: Viele junge Erwachsene haben noch nie einen toten Menschen gesehen. Nur wenige haben je einen toten Menschen berührt. Wenige nur haben es miterlebt, dass ein Mensch seinen letzten Atemzug tat und ihm dabei die Hand gehalten.[5]

Im Fernsehen wird man zwar immer wieder mit Todesfällen konfrontiert – von der Tagesschau bis zur Krimiserie. Die Serie vom Schweizer Fernsehen »Der Bestatter« ist äußerst erfolgreich und versucht zumindest, zur gesellschaftlichen Präsenz des Todes und zum Reden über den Tod einen Beitrag zu leisten. Aber der mediale Konsum ersetzt nicht die direkte leibliche Begegnung mit Toten.

Noch zur Zeit unserer Großeltern wurden Tote zu Hause aufgebahrt. Trauerumzüge fanden in der Öffentlichkeit statt. Der Tote wurde in einem offenen Sarg auf einem Leichenwagen durch die Straßen gefahren. Dies ist in unserer modernen Gesellschaft alles verschwunden. Heute wird im Normalfall nicht mehr zu Hause gestorben, sondern in Krankenhäusern und Hospizen, Altersheimen und Pflegeheimen. Da meist nicht mehr Großfamilien zusammen leben, sondern Groß- oder Urgroßeltern in Heimen sind, findet das Sterben verborgen vor unseren Augen statt. Der Tod ist eine Sache von Profis geworden und kümmert den »normalen Menschen« kaum.[6]

---

[5] Vgl. Ulrich Eibach, *Bemerkungen zum helfenden Gespräch mit unheilbar Kranken und Sterbenden*, in: Walter Arnold u. a. (Hrsg.), Der verdrängte Tod, Theologie und Dienst 26, Giessen: TVG Brunnen, 1981, 26–42, hier: 27.

[6] Walter Arnold, *Der Christenglaube und das Sterben*, in: Walter Arnold u. a. (Hrsg.), Der verdrängte Tod, Theologie und Dienst 26, Giessen: TVG Brunnen, 1981, 5–25, hier: 6f;
EKD, *Herausforderungen evangelischer Bestattungskultur. Ein Diskussionspapier*, www.ekd.de/download/ekd_bestattungskultur.pdf [abgerufen am 4.10.2014], 11.

Der Schriftsteller Burkhard Spinnen interpretiert diesen Verdrängungsmechanismus als Scham.[7] Jede Kultur kennt Bereiche, die mit Scham behaftet sind. War es in unserer Kultur früher die Sexualität, hat sich heute die Scham verlagert und zwar in den Bereich des Todes. Der Mensch schämt sich heute für seine Vergänglichkeit. Wer in einer zweckorientierten Kultur nicht mehr mithalten kann, nicht mehr leistungsfähig genug ist, der verliert seinen »Wert« als Mensch. Damit beginnt die Scham. Krankheit und Tod werden damit zu einem Tabuthema: »Man spricht in der Gesellschaft nicht über den Tod.«[8] Die Auseinandersetzung mit dem Tod erfolgt kaum mehr. Die Begegnung mit dem Tod findet selten statt. Eltern fällt es schwer, mit ihren Kindern über den Tod zu sprechen, es ist kein »natürliches« Thema mehr. Und das hat Folgen: »Die Auseinandersetzung mit dem Tode und die Einstellung auf den Tod beginnen in der Kindheit. Wenn die Eltern unfähig sind, dem Tod in die Augen zu sehen und darüber mit ihren Kindern zu reden, dann wirkt sich das auf die Kinder aus.«[9]

Will man in einer Buchhandlung ein ansprechendes Kinderbuch aus christlicher Sicht über den Tod finden, damit man als Eltern mit den Kindern über den Tod sprechen kann, weil z. B. jemand aus der Verwandtschaft verstorben ist, hat man die größte Mühe. Der Tod ist kein aktuelles Thema, sondern eines, das lieber verdrängt wird.

---

[7] Sendung »Kontext« vom 23. November 2011,
     www.srf.ch/sendungen/kontext/krankheit-und-tod-die-letzte-scham
     [abgerufen am 4.10.2014].

[8] Arnold, *Der Christenglaube und das Sterben*, 7.

[9] Eibach, *Bemerkungen zum helfenden Gespräch mit unheilbar Kranken
     und Sterbenden*, 36.

Die Verdrängung des Todes lässt sich selbst in Altenheimen und Spitälern beobachten: »Das kommt schon wieder«, »Bei dir ist es noch nicht soweit«, »Rede doch nicht darüber«, »Man kann medizinisch noch viel machen« sind Sätze, die oft zu hören sind. Und tatsächlich braucht es viel Mut, in einem seelsorgerlichen Gespräch eines Schwerkranken oder alten Menschen auf die Frage »Muss ich jetzt sterben?« zu antworten: »Ja, sie müssen sterben. Machen Sie sich bereit.« Wieviel leichter wäre es auch da noch zu sagen: »Nein, es ist noch nicht soweit. Sie haben noch viel Zeit.« Man versucht, den Tod so lange wie möglich zu verdrängen.

Wer den Tod verdrängt, versucht, der Vergänglichkeit auszuweichen. Es ist die Sehnsucht nach der »ewigen Jugend«, nach einem vollkommenen, glücklichen Leben. Die Werbung gaukelt uns ein solches Menschsein vor: immer hübsch, gesund, stark und fröhlich.

So wird der Tod tabuisiert. Und das heißt: statt dem Tod zu trotzen und für das Leben einzustehen, erhält der Tod durch das Tabu eine Aura des Unheimlichen und des Unbekannten. Gerade dadurch wird aber die Macht des Todes nicht gebrochen, sondern verstärkt. Insofern erweist sich die Verdrängung des Todes als eine Strategie, die doppelt problematisch ist: Durch das Tabu wird der Tod nur noch unheimlicher und mächtiger – und: durch den fehlenden Bezug zum Tod fehlt auch die persönliche Kompetenz, wenn es dann erwartet oder unerwartet zur Begegnung mit dem Tod kommt.

Was wäre denn die Alternative zur Verdrängung des Todes? Die Erinnerung an die Vergänglichkeit, auch an die eigene! *Memento mori* – gedenke des Todes! Vergiss nicht, Mensch, dass Du sterblich bist! Die Skiferien hat Stefans Familie ab und zu in einem Chalet im Berner Oberland verbracht.

Eingrafiert in den Balken, mitten über dem Esstisch und dem Wohnzimmer, stand der Satz aus Psalm 90 »*Herr, lehre uns bedenken, dass wir sterben müssen, auf dass wir klug werden*«. Mutet das nicht seltsam an – mitten in der Ferienfreude, bei geselligen Familienabenden und beim Fondue am Tisch an die eigene Vergänglichkeit erinnert zu werden? Ja, seltsam vielleicht schon – aber ist nicht genau das der richtige Weg? Sich der eigenen Vergänglichkeit bewusst zu sein und gerade so das Leben in vollen Zügen genießen zu können? Erinnerung an den Tod und Lebensfreude schließen sich nicht aus, sondern bedingen sich gegenseitig.

Martin Luther empfiehlt: »Im Leben sollte man sich mit dem Gedanken an den Tod beschäftigen und ihn vor uns treten heißen, solange er noch ferne ist und uns noch nicht bedrängt; im Sterben dagegen, wenn er schon von selbst nur allzu stark da ist, ist es gefährlich und nichts nütze. Da muss man sich sein Bild aus dem Sinne schlagen und es nicht sehen wollen, wie wir hören werden. So hat der Tod seine Kraft und Stärke in der Furchtsamkeit unserer Natur und darin, dass man zur Unzeit ihn zuviel ansieht oder betrachtet.«[10] Das macht Sinn: Wer sich mitten im Leben mit der eigenen Vergänglichkeit auseinandersetzt, ist auf das Sterben vorbereitet und muss dann vor dem Tod keine Angst mehr haben. Wer aber den Tod verdrängt, wird beim Sterben davon so überrascht, dass der Tod eine Macht erhält, die er eigentlich nicht haben sollte.

---

[10] Martin Luther, *Sermon von der Bereitung zum Sterben*, 1519, www.bibeltoday.de/today/daten/Vom_Sterben.html [abgerufen am 6.6.2015].

Für Frau R.[11] ist der Eintritt in ein Pflegeheim unumgänglich geworden. Nach einem Sturz in der eigenen Wohnung, einem längeren Aufenthalt in Krankenhaus und Rehabilitationszentrum wird deutlich: Alleine zuhause geht es nicht mehr. Als Heimseelsorgerin suche ich in den ersten Tagen den Kontakt mit ihr. Ich versuche, sie so gut es geht kennenzulernen und spreche auch möglichst bald über das Thema »Tod«. Frau R.. ist froh, dass ich dieses Thema zur Sprache bringe, denn die Angehörigen weichen ihm gerne aus und sie selber weiss auch nicht so recht, wie sie damit umgehen soll. Nach einigen Treffen ist es für sie schon normaler, auch über das Thema »Sterben und Tod« zu reden und damit hat es seinen Schrecken etwas verloren.

Spinnen meint, dass die Kirche eine große Chance hat, weil sie mit ihren Gottesdiensten anbietet, wenigstens eine Stunde in der Woche über Tod und Vergänglichkeit nachzudenken.[12] Gut, wenn die Kirche sich durch diesen Schriftsteller an eine ihrer Kernkompetenzen erinnern lässt. Denn nur zu leicht kann die Kirche auch dem gesellschaftlichen Trend verfallen und in Gottesdiensten und Predigten die Themen der Vergänglichkeit und des Todes einfach ausblenden. Gut, wenn die Kirche die Chance packt, diese unangenehmen Themen beim Namen zu nennen und dabei hinzuweisen auf den Gott, der als der Gute Hirte uns selbst im »Tal der Todesschatten« nicht verlässt (Psalm 23).

Hand aufs Herz: Wann haben Sie in einem normalen Gottesdienst eine Predigt über Vergänglichkeit und Tod gehört?

---

[11] Dieses und alle weiteren Beispiele stammen aus unserer seelsorgerlichen Erfahrung. Sie sind anonymisiert und soweit verfremdet, dass eine Identifikation der realen Personen nicht möglich ist.

[12] Eibach, *Bemerkungen zum helfenden Gespräch mit unheilbar Kranken und Sterbenden*, 36.

Wie wichtig ist es doch, über diese Themen zu predigen, denn wir haben die beste Nachricht der Welt: Jesus hat den Tod überwunden und auch wir werden – wenn wir an ihn glauben – mit ihm zu ewigem Leben auferstehen.

> Nach einem Gottesdienst über die Witwe in Nain, die ihren einzigen Sohn verloren hat (Lukas 7,11–17), kommt Frau F. auf mich zu und kann mit Erzählen fast nicht mehr aufhören. Diese Geschichte hat in ihr all die Erinnerungen wachgerufen, die sie beim Tod ihres eigenen Sohnes hatte. Wie tat es ihr wohl zu hören, dass Jesus als der Tröster auch zu ihr sagt: »Weine nicht!« Er selber ist stärker als der Tod, hat den Tod überwunden, ist auferstanden und lebt. Frau F. kann gewiss sein: Ihr Sohn, der auch an Jesus Christus glaubte, wird in Ewigkeit auch auferstehen.

Beherrschung des Todes

*D*er andere Weg, dem Tod zu trotzen, ist der Versuch, ihn in den Griff zu bekommen. »Dank der Fortschritte der Medizin und der Technik gehören Tod und Sterben immer mehr in den Bereich dessen, was machbar, planbar und steuerbar ist.«[13] Die medizinische Technik ermöglicht es, selbstbestimmt das Leben zu verlängern und selbstbestimmt zu sterben. Für diese Haltungen stehen exemplarisch der Arzt als »Gott in weiß« und Freitodorganisationen wie zum Beispiel »Exit«.

Die medizinische Technik gibt den Menschen neue Möglichkeiten und gleichzeitig auch eine hohe Verantwortung. Men-

---

[13] Michael Nüchtern, *Bestattungskultur in Bewegung*, in: Evangelische Zentralstelle für Weltanschauungsfragen, EZW-Texte 200, 2008, 5–17, hier: 5.

schen erwarten vom Arzt medizinische Hilfe, die ihr Leben verlängert oder verbessert. Und tatsächlich: Die Steigerung der durchschnittlichen Lebenserwartung im letzten Jahrhundert ist wesentlich den medizinischen Fortschritten zu verdanken. Wer wollte nicht dafür dankbar sein, dass für viele Krankheiten und Leiden, die früher direkt zum Tod geführt haben, heute therapeutische Maßnahmen und Medikamente zur Verfügung stehen? Problematisch wird die Haltung erst dann, wenn die Erwartungen an die Medizin überhöht werden. Aus einer solchen Sicht ist es normal, gesund zu sein, und abnormal, krank zu sein. Und es wird als Aufgabe der Medizin angesehen, das »Problem« der Krankheit zu lösen und für jeden Menschen den »Normalzustand« herbeizuführen. Das garantiert der Arzt als »Gott in weiss«. Er soll für jedes Problem eine Lösung bereithalten: Schmerztabletten bei Kopfweh, Antibiotika bei einer Entzündung, Chemotherapie bei Krebs und Ritalin bei ADS – um nur einige Beispiele aufzuzählen. So kann man unliebsamen Folgen von Krankheiten ausweichen. Krankheiten verlieren ihren Todesschatten. Sie sind nicht mehr Vorboten des Todes und damit Zeichen der Vergänglichkeit, sondern auszumerzende Probleme.

Wenn Gott als Herr über Leben und Tod ausgeblendet wird, werden neue Götter geschaffen: Gesundheit wird zum neuen Götzen. Die Floskel »Hauptsache gesund« fasst die »Gesundheits-Religion« treffend zusammen. Wie oft hören wir bei Geburtstagswünschen: »Ich wünsche dir gute Gesundheit im neuen Lebensjahr, das ist ja das Wichtigste!«. Stimmt denn das wirklich? Geht es nicht viel mehr um Gottvertrauen und Zufriedenheit im Leben? Ist Gesundheit wirklich die Hauptsache? Das würde ja heißen, dass ein kranker und sterbender Mensch die Hauptsache verpasst? Und was ist mit einem Kind, das mit Behinderungen oder Erbkrankheiten zur Welt kommt? Die Vorstellung, dass Gesundheit die Hauptsache ist, wird in den Grundfesten erschüttert, wenn das Problem »Krankheit« nicht gelöst werden kann – wenn es statt besser schlechter wird, wenn wider Erwarten die Konfrontation mit dem Tod kommt.

Dann erscheint die Selbstbestimmung plötzlich unter anderen Vorzeichen. Die medizinische Technik, die eigentlich zur Beherrschung der Krankheit führt, erlaubt nun auch die Selbstbestimmung des Todes. Diese liegt – so scheint es – plötzlich in der eigenen Hand, sei es durch die Abschaltung von Maschinen, die Beendigung lebenserhaltender Maßnahmen oder auch aktiv durch die Herbeiführung des eigenen Todes.[14] Selbstbestimmtes Sterben, das würde heißen: Ich bestimme, wann und wie ich von dieser Welt abtrete; ich bestimme, wieviel Leid ich ertragen will, wieviel Schmerzen zumutbar sind. Selbstmord wird dann als Akt der Freiheit und der Selbstbestimmung angesehen. Freitodorganisationen wie »Exit« bieten dabei professionelle Hilfe.

> Herr S. bittet mich um ein Gespräch: Sein Freund, der an Krebs erkrankt ist, will nicht mehr leben, sondern aus eigener Entscheidung aus dem Leben scheiden. Er hat mit Exit Kontakt aufgenommen und alles eingefädelt. In drei Wochen wird sein Todestag sein. Nun will er bewusst Abschied von seinen Freunden nehmen und hat deshalb Herr S. nächste Woche dazu eingeladen. Herr S. ist ratlos: Wie soll er sich verhalten? Was soll er selber sagen zu diesem Entscheid, ist er doch ein überzeugter Christ und kann diesen Entscheid nicht gutheissen. Und doch hat er seinen Freund gerne und will ihm den letzten Wunsch nicht absprechen. Er

---

[14] Wer sich gerne mehr Gedanken über die bedeutsamen Fragen nach aktiver und passiver Sterbehilfe machen möchte, dem sei wärmstens empfohlen: Bernd Wannenwetsch und Robert Spaemann, *Guter schneller Tod. Von der Kunst, menschenwürdig zu sterben*, Basel/Giessen: Brunnen, 2013.

ist hin- und hergerissen, kann fast nicht mehr schlafen, ringt mit sich und mit Gott. Im seelsorgerlichen Gespräch wird deutlich, dass er dem Wunsch seines Freundes entgegenkommt, auch wenn es seiner eigenen Haltung nicht entspricht. Beim Gespräch hat sich auch gezeigt, dass Herr S. selber noch eine Reihe von Fragen hat, die mit seinem eigenen Tod zusammenhängen.

Es gibt auch einen zunehmenden Trend, bei einer Freitodorganisation wie »Exit« Mitglied zu sein, um bei unheilbarer Krankheit nicht durch Leid und Schmerzen gehen zu müssen, sondern diesen Weg selber abkürzen zu können. Es ist wie eine Art Versicherung des Lebens, das Leben bis zum Tod selber in der Hand haben zu können. So ist das Gefühl da, das Leben gerade auch in einem Härtefall trotzdem noch selber bestimmen zu können. Dies ist unserer Meinung nach eine sehr traurige und verkehrte Tendenz. Wie viel wichtiger wäre echter, christlicher Trost mit Ewigkeitsperspektive!

Dass Leid und Schmerz einem auch zufallen könnte, dass das also außerhalb der eigenen Selbstbestimmung liegen könnte, wird hier überhaupt nicht akzeptiert. Und nur allzu schnell kann das, was zunächst als individuelle Selbstbestimmung aussieht, in gesellschaftlichen Zwang umschlagen. Das gilt nicht nur für die Schrecken eines staatlichen Euthanasie-Programms, sondern beginnt schon dort, wo indirekt eine Erwartung vermittelt wird, als kranker und sterbender Mensch dürfe man niemandem zur Last fallen und sei nutz- und wertlos.

> Frau E. hat selber oft mit negativen Gedanken zu kämpfen: »Ich bin doch wertlos, ich kann nichts mehr und bin nichts mehr. Nichts ist mehr wie früher. Da konnte ich selber noch so vielen Menschen beistehen und meine Zeit sinnvoll ausfüllen. Nun aber brauche

ich für so vieles Hilfe, selbst für die einfachsten Dinge wie anziehen. Auch mein Gedächtnis lässt mich mehr und mehr im Stich. Was soll ich hier noch? Wem nütze ich noch? Ich bin doch nur noch Belastung.« Seelsorgerliche Gespräche haben Frau E. geholfen, diese destruktiven Gedanken vor Gott abzulegen. Sie hat erkannt, dass sie ihren Wert und ihre Würde nicht in ihrer Leistung oder an ihrer Gesundheit messen muss, sondern an der Ebenbildlichkeit Gottes. Der Lebensabend ist Teil ihres von Gott gewollten Lebens und soll durchlebt und durchlernt werden. Gott wird als Tröster und Begleiter auch Frau E. bis ins hohe Alter tragen, heben und erlösen (Jesaja 46,4).

Solche gesellschaftlichen Zwänge setzen Kranke und Sterbende unter einen gewaltigen Druck. Was auf den ersten Blick als Beherrschung des Todes aussieht, wird unter der Hand zu einer Herrschaft ökonomischer Zwänge – darüber werden wir im folgenden Kapitel gleich noch weiter nachdenken.

Der Widerstand gegen den Tod, auch der technische, kann nur dort sachgerecht und menschenfreundlich sein, wo Gott selber als der Herr über Tod und Leben angebetet und verehrt wird, und wo der Mensch sich diesem Gott anvertraut weiß. Es wird sofort deutlich: Entscheidend ist die innere Haltung, der Glaube, das Gottvertrauen. Aus dieser Haltung heraus kann man in Dankbarkeit medizinische Hilfe in Anspruch nehmen, ohne die Gesundheit zu vergöttern; man kann auch Leiden und Schmerzen ertragen und muss nicht jedem Wehwehchen ausweichen; und man kann auch getrost und bewusst den Weg des Sterbens gehen, ohne selber Gott zu spielen und über die eigene Todesstunde zu entscheiden.

Frau W. ist seit vielen Jahren bettlägrig, braucht für vieles Hilfe und doch strahlt aus ihren Augen eine Dankbarkeit und ein Gottvertrauen, obwohl sie täglich viel Schmerzen ertragen muss. Wenn sie gefragt wird, wie es ihr geht, ist ihre Antwort meistens: »Ich habe es ja so gut. Ich habe ein gutes Bett, Menschen, die nach mir schauen, und einen Heiland, der mich hebt und trägt.« Nach so einer Begegnung kann man selber gestärkt und beschenkt weitergehen und merkt: Nicht die Gesundheit oder die Unabhängigkeit eines Menschen macht ihn glücklich, zufrieden und froh, sondern seine Beziehung zu Gott, dem Schöpfer und Erretter.

4. »Nur ja niemandem zur Last fallen« – die Ökonomisierung des Todes

»Wert« oder »Würde«?

*J*eder Mensch ist wertvoll« – dieser Satz ist zwiespältig. Denn was meint man hier mit »Wert?« Der Begriff stammt aus der Sprache der Wirtschaft und setzt ein Tauschgeschäft voraus. Dann wird der Mensch plötzlich zu einem »Gut«, das deshalb wertvoll ist, weil es einen Nutzen erbringt. Treibt man das ökonomische Denken auf die Spitze, dann wird der Mensch zu einem Arbeitstier. Er ist wertvoll, wenn er arbeitet – und wertlos, wenn er das nicht kann. Ein kranker und sterbender Mensch kostet mehr als er nützt. Es wundert nicht, wenn Menschen, die ein Leben lang gearbeitet haben und dann krank werden, sich wertlos fühlen.

Wenn wirtschaftliche Gesichtspunkte das Verhältnis zu Krankheit und Tod dominieren, dann ist das Ausdruck einer gesellschaftlichen Entwicklung. Es lohnt sich, einige Momente darüber nachzudenken. Diese Entwicklung besteht darin, dass das gesamte Leben mit all seinen Bereichen von ökonomischen Regeln beherrscht wird. »Wieviel ist dies und das wert?« wird dann zur zentralen Frage. Alles hat einen Gegenwert, der in Geld angegeben werden kann. Arbeit hat einen bestimmten Geldwert, Dienstleistungen und Güter auch. Bei Bildungsfragen heißt es sofort: »Wieviel kostet es?« – und das gleiche gilt natürlich auch im Bereich der Gesundheit. Dieses ökonomische Denken durchdringt unser ganzes Leben. Es stimmt nachdenklich, wenn in Kirchgemeinden bei der Realisierung von Projekten die erste Frage ist »Ist es finanzierbar?« und nicht »Ist es wahr? Ist es richtig?«. Es stimmt auch nachdenklich, wenn Familien unter diesem Gesichtspunkt betrachtet werden: »Wieviel kostet ein Kind?« – »Wie hoch ist der wirschaftliche Verlust, wenn die Mutter nicht arbeitet?«.

Wie schnell geht es, dass solch wirtschaftliches Denken auch den Umgang mit dem Tod bestimmt: »Ich darf nicht mehr länger krank sein – denn die Behandlung ist zu teuer, deshalb wähle ich den Freitod.« »Ich will meiner Familie nicht zur Last fallen. Ich wähle eine anonyme Bestattung, denn der Unterhalt eines Grabes ist zu kostenintensiv, das will ich meinen Nachkommen nicht antun.« »Es reicht doch, wenn der engste Familienkreis Abschied nimmt; eine öffentliche Trauerfeier und ein Trauermahl braucht es nicht – zu teuer.« Wenn Kosten-Nutzen-Denken unseren Umgang mit dem Tod bestimmt, sagt das viel darüber aus, wie wir den Menschen verstehen.

»Jeder Mensch ist wertvoll« – dieser Satz ist problematisch, weil er dazu verleitet, den Menschen mit Geld aufwiegen zu wollen. Und wir wissen ganz genau: Das geht eigentlich nicht. Es ist nicht angebracht, den Menschen rein ökonomisch zu betrachten. Wir haben eine große Ahnung: Menschsein heißt mehr als Arbeiten. Der Mensch ist nicht eine Maschine, die wertlos ist, wenn sie nicht mehr funktioniert. Echte Liebe lässt sich nicht kaufen. Das Leben lässt sich nicht mit Franken aufwiegen.

Natürlich: Wer sagt »Jeder Mensch ist wertvoll«, meint in der Regel gerade nicht den ökonomischen Wert eines Menschen. Sondern er will sagen: Jeder Mensch hat einen darüber hinausgehenden Wert. Vielleicht wäre es besser, dann von der *Würde des Menschen* statt von seinem Wert zu sprechen. Die Würde des Menschen – das heißt: der Mensch steht eben gerade nicht unter dem Kosten-Nutzen-Denken. Es entspricht gerade nicht der Würde des Menschen, ihn als Arbeitstier anzusehen. Es ist ein Angriff gegen die Menschenwürde, wenn Menschen ausgenutzt und ausgebeutet werden. Es widerspricht der Menschenwürde, sich im Umgang mit Krankheit und Tod von finanziellen Überlegungen bestimmen zu lassen. Worin besteht denn die Würde des Menschen? In nichts anderem, als dass er Mensch ist! Seine Würde ist unabhängig von seiner Leistung, seiner Gesundheit, seinem Alter. Die Würde des Menschen ist also unbedingt – ohne Bedingung – gegeben. Sie gilt jedem Menschen gleich. Kein Mensch hat mehr Würde als ein anderer.

Dass dem Menschen – jedem Menschen – diese Würde zukommt, lässt sich nicht aus der Natur und der Geschichte ableiten. Die Menschenwürde ist darin begründet, dass der Mensch als Geschöpf Gottes angesehen wird. Weil Gott den Menschen gewollt und geschaffen hat, deshalb kommt ihm diese Würde zu. Der Mensch kann sich also nicht selber Würde geben, sie wird ihm von Gott zugesprochen. Die Rede von der unbedingten Würde jedes einzelnen Menschen basiert auf einem jüdisch-christlichen Menschenbild und auf dem Wissen, dass der Mensch von Gott her seine Würde erhält. Verbannt man Gott aus der Welt, dauert es nicht lange, bis die Würde des Menschen angetastet wird.

Würdig sterben

*U*nter dem Blickwinkel der Menschenwürde verändern sich die Einstellungen rund um Tod und Bestattung. Es dominiert dann nicht mehr die Frage: »Wieviel kostet es?« – sondern: »Was entspricht der Menschenwürde?«. Wie kann menschenwürdiges Sterben aussehen? Wie kann bei der Bestattung deutlich werden, dass der Mensch eine Würde hat, die mit keinem Geld aufzuwiegen ist?

Bevor wir uns den Fragen rund um die Bestattung zuwenden, bleiben wir noch einen Moment beim menschenwürdigen Sterben. Beachten wir noch einmal: Die Würde des Menschen besteht in seinem Menschsein und wird ihm von Gott zugesprochen. Das Sterben soll daher so gestaltet werden, dass dabei deutlich wird, dass der Mensch von Gott getragen ist und ihm gerade deshalb eine unbedingte Würde zukommt. Auf zwei Seiten hin ist die Menschenwürde gefährdet. Sie ist dort gefährdet, wo Nützlichkeitsdenken dominiert. Das führt in letzter Konsequenz zu Euthanasie-Programmen, also zur Beseitigung nicht mehr nützlicher Menschen. Und die Menschenwürde ist auch dort gefährdet, wo Menschen sich anmaßen, selber über ihr Sterben zu verfügen, und sich nicht mehr von Gott getragen wissen. Weder Euthanasie- noch Freitodprogramme entsprechen daher der Menschenwürde. Gibt es andere Wege? Es gibt sie.

Sterbehilfe

*D*ie medizinische Technologie hat so grosse Fortschritte erlebt, dass heute von vielen Menschen das Sterben nicht mehr als natürlichen Vorgang erlebt wird, sondern ein durch Technik begleiteter Prozess. Für die betroffenen Menschen – die Sterbenden, die Angehörigen, das Pflegepersonal, die Ärzte – heisst das, dass sie Entscheidungen treffen müssen, die in direktem Bezug zum Sterbeprozess stehen und diesen verzögern oder beschleunigen.

Sterben ist damit zu einem Vorgang geworden, der zwangläufig selbstbestimmte Entscheide fordert. Auch der Entscheid, »natürlich« sterben zu wollen und auf medizinische

Hilfe zu verzichten, kann nicht selbstverständlich vorausgesetzt werden, sondern ist eine der Entscheidungsoptionen.

Dieser Zwang zur Entscheidung – wie auch immer sie ausfällt – bringt einige grundsätzliche Fragen mit sich: Wer darf über den Tod von Menschen bestimmen? Wie weit geht das Selbstbestimmungsrecht des Menschen? Was bedeutet es für die Medizin, wenn ihr Auftrag darin besteht, Leben zu erhalten und zu fördern? Wie kann unter diesen Umständen menschenwürdiges Sterben aussehen?

Aus ethischer und praktischer Sicht sind folgende grundsätzliche Möglichkeiten zu unterscheiden:[15]

a) *Selbstmord*: Ein Mensch unternimmt selbstbestimmt Handlungen, die willentlich direkt zu seinem Tod führen.

b) *Assistierter Selbstmord*: Ein Mensch drückt den Wunsch aus, sterben zu wollen. Ein anderer hilft ihm dabei, diesen Wunsch umzusetzen. Die entscheidende Handlung, welche zum Tod führt – etwa die Zufuhr eines todbringenden Mittels – wird durch die todeswillige Person vollzogen. Es ist jedoch zu beachten, dass viele Schwerkranke sich zwar wünschen, sterben zu wollen, jedoch nicht wünschen, dass der Tod aktiv herbeigeführt wird.[16]

c) *Aktive Sterbehilfe*: An einem Menschen wird von einer andern Person eine Handlung vollzogen, die zum Tod führt. Der Unterschied zum assistierten Selbstmord ist die handelnde Person.

---

[15] Vgl. dazu Helmut Burkhardt, *Ehtik. Teil II: Das gute Handeln (Materialethik). Erster Teil*, Giessen: Brunnen Verlag, 2003, 137.

[16] Robert Leuenberger, *Probleme um das Lebensende*, in: Anselm Hertz u. a. (Hrsg.), Handbuch der christlichen Ethik, Freiburg: Herder, Aktualisierte Neuausgabe 1993, 95–112, hier: 101.

d) *Passive Sterbehilfe*: An einem Menschen werden Handlungen zur Verlängerung des Lebens unterlassen. Dabei wird in Kauf genommen, dass durch die Unterlassung dieser Handlungen der Sterbeprozess einsetzt, bzw. beschleunigt wird. Zur passiven Sterbehilfe gehört die Abschaltung von Atmungs- oder Kreislaufmaschinen oder auch das Absetzen intravenöser Ernährung.

e) *Aktive Schmerzlinderung*, unter Umständen auch mit Beschleunigung des Sterbens: Einem Menschen werden Mittel zur Linderung von Schmerzen verabreicht. Dabei wird unter Umständen in Kauf genommen, dass die schmerzlindernden Mittel den Sterbeprozess beschleunigen. Das völlig schmerzfreie Sterben ist allerdings ein gleich problematisches Ideal wie ein komplett leidfreies Leben. Daher kann ein totales Ausweichen vor dem Leiden nicht die Lösung sein. Vielmehr wird es darum gehen, durch schmerzlindernde Maßnahmen das Leiden *erträglich* zu gestalten.[17]

Die Menschenwürde und das Recht auf Selbstbestimmung beinhalten, dass keinem Menschen gegen seinen Willen eine medizinische Behandlung verordnet wird.[18] Wenn ein Mensch also den Abbruch oder Nichtbeginn einer Behandlung wünscht, dann ist dieser Wunsch zu respektieren. In diesem Sinne ist »passive Sterbehilfe« dann ethisch vertretbar, wenn der Therapieverzicht dem Willen des kranken bzw. sterbenden Menschen entspricht. Um diesen Willen zu äußern, ist eine Patientenverfügung hilfreich (→ Kap. 7.4).

---

[17] Burkhardt, *Ethik II/1*, 138.

[18] Ulrich H. J. Körtner, *Unverfügbarkeit des Lebens? Grundfragen der Bioethik und der medizinischen Ethik*, Neukirchen-Vluyn: Neukirchener, 2001, 137.

Das Selbstbestimmungsrecht beinhaltet aber nicht das Recht, über das eigene Leben zu verfügen.[19] Vielmehr gilt: das Leben ist uns geschenkt und anvertraut. Niemand von uns hat sich selber dafür entschieden, auf die Welt zu kommen und zu leben. Genauso wenig ist es unser eigener Entscheid, das Leben zu beenden.

> Die Zeitung »reformiert« hat im August 2014 eine telefonische Umfrage zum Thema »Alterssuizid« durchgeführt. 68 % der Befragten wünschen einen erleichterten Zugang zum Alterssuizid, 51 % können sich vorstellen, davon auch Gebrauch zu machen. 77 % stimmen der Aussage zu, dass Menschen für sich selber verantwortlich sind und diese Eigenverantwortung auch im Sterben wahrnehmen. Kirche und Religion soll das Recht auf Alterssuizid nicht einschränken. Klassische christliche Argumente, dass das Leben dem Menschen geschenkt ist und es deshalb nicht selber beendet werden darf, werden von rund zwei Dritteln der Befragten abgelehnt.[20] Kirchenratspräsident Gottfried Locher hält Alterssuizid dagegen für eine »menschenverachtende Idee«. Im Interview mit ref.ch sagt er: »Freiwillig geschieht es jedenfalls nicht. ›Freitod‹ ist einer der perverseren Euphemismen, die ich kenne. Ich bringe mich ja nicht um, weil ich frei bin, sondern weil ich Angst habe vor etwas noch Schlimmerem ... Wer sich das Leben nimmt, verunmöglicht Mögliches ... Wir leben, um Gott zu loben. Auch schwach, krank und alt, ob ich etwas tue oder bloss noch bin. Der Zweck meines Lebens besteht nicht aus meiner Leistung, sondern aus Gotteslob. Und das tue ich einzig,

---

[19] Vgl. Eberhard Schockenhoff, *Ethik des Lebens. Ein theologischer Grundriss*, Welt der Theologie, Mainz: Grünewald, 1993, 330–331.

[20] www.reformiert.info/artikel_14019.html [abgerufen am 4.10.2014]

in dem ich mich selber bin. Bis zum allerletzten, mühsamsten und schwächsten Atemzug.«[21]

Aus christlich-biblischer Sicht widersprechen die Varianten a, b und c dem Grundsatz, dass Gott der Herr über Leben und Tod ist und dass das Leben ein Geschenk ist, über das man nicht einfach nach Belieben verfügen darf.[22] Die direkte Einwirkung auf sich selber oder einen andern Menschen im Wissen darum, dass diese Handlung zum Tod führt, können daher aus christlicher Sicht nicht befürwortet werden. Bei allen Möglichkeiten, welche die Technik zur Selbstbestimmung bietet, darf der Grundsatz nicht vergessen werden, dass unser Leben in Gottes Händen liegt.

Aus gesellschaftlicher Sicht ist zu bedenken, dass die Legalisierung aktiver Sterbehilfe und vor allem des assistierten Selbstmords den Druck auf Kranke erhöht.[23] Wenn es legitim ist, dem Leben aktiv ein Ende zu setzen, wird indirekt Kranken und Sterbenden nahegelegt, ja früh genug aus dem Leben zu scheiden, um andern nicht zur Last zu fallen.[24] Es ist auch eine weit verbreitete Beobachtung, dass der Todeswunsch zurücktritt, wenn die Schmerzen gelindert werden und wenn persönliche Zuwendung erfahren wird.[25]

---

[21] www.ref.ch/glaube-spiritualitaet/soll-ich-mich-umbringen-aus-dem-einzigen-grund-dass-ich-alt-bin [abgerufen am 4.10.2014]

[22] Körtner, *Unverfügbarkeit des Lebens*, 135.

[23] Robert Spaemann/Bernd Wannenwetsch, *Guter schneller Tod? Von der Kunst, menschenwürdig zu sterben*, Basel: Brunnen, 2013.

[24] Bernhard Irrgang, *Grundriss der medizinischen Ethik*, UTB für Wissenschaft 1821, München: Ernst Reinhardt, 1995, 188.

[25] Schockenhoff, *Ethik des Lebens*, 332.

Statt »Hilfe *zum* Sterben« – der gezielten Verursachung und Beschleunigung des Sterbens – braucht es also »Hilfe *im* Sterben«.[26] Dabei geht es nicht um eine Missachtung der medizinischen Fortschritte. Im Gegenteil: Gerade die grossen Fortschritte in der Schmerztherapie erweitern die Möglichkeiten der medizinischen Hilfe enorm.[27] Die Förderung der Palliativmedizin ist daher eine dringliche Aufgabe. Körtner hat es treffend formuliert: »Was Sterbende brauchen, ist unsere Solidarität, nicht die todbringende Spritze.«[28]

Palliative Care

Ein Modell für »Hilfe *im* Sterben«, das unserer Meinung nach dem biblischen Bild von Menschenwürde sehr nahe kommt, ist das Modell der »Palliative Care«. Die Weltgesundheitsorganisation definiert sie folgendermaßen: »Palliative Care ist die aktive ganzheitliche Betreuung von Patienten, deren Krankheiten nicht heilbar sind. Schmerzkontrolle, Kontrolle anderer Symptome sowie die psychologische, soziale und spirituelle Begleitung sind von großer Bedeutung. Das Ziel von Palliative Care ist es, die bestmögliche Lebensqualität für die Patienten und deren Familien zu erreichen.«[29]

Als Vorreiterin und Begründerin kann Cicely Saunders (1918–2005) genannt werden. Saunders hat in England nach

---

[26] Die Formulierungen übernehme ich von Schockenhoff, *Ethik des Lebens*, 290.

[27] Körtner, *Unverfügbarkeit des Lebens*, 135.

[28] Körtner, *Unverfügbarkeit des Lebens*, 138.

[29] zitiert nach Cicely Saunders, *Sterben und Leben. Spiritualität in der Palliative Care*, Zürich: TVZ, 2009, 62.

dem Krieg selber ein Hospiz gegründet, das St. Christopher's Hospice, in dem diese christliche Nächstenliebe gelebt wurde. Es ging ihr darum, Schwerkranke und Sterbende bis zum letzten Atemzug nicht nur medizinisch zu begleiten, sondern auch geistlich, an ihrem Bett zu wachen, mit ihnen mitzufühlen, ihnen von Jesus Christus zu erzählen, der den schweren Tod durch Sterben und Auferstehung vorausgegangen ist. Für sie war es selbstverständlich, mit den Kranken zu beten oder ihnen ein Psalmwort weiterzugeben. Eine Kapelle wurde bewusst an einer zentralen Stelle des Hospizes beheimatet, um damit auch architektonisch zu zeigen, wie wichtig ihr die geistliche Komponente ist.[30]

Das Beispiel von Saunders hat viele Menschen nach ihr inspiriert, in gleicher Weise Sterbende bis zum Tod auf einer christlichen Basis und Würde zu begleiten. Die von Saunders initiierte Hospizbewegung zeichnet sich dadurch aus, dass folgende vier Grundbedürfnisse sterbender Menschen beachtet werden.[31]

♦ Das Bedürfnis, im Sterben nicht allein gelassen zu werden.

♦ Das Bedürfnis, im Sterben nicht unter Schmerzen und anderen körperlichen Beschwerden zu leiden.

♦ Das Bedürfnis, letzte Dinge zu regeln.

♦ Das Bedürfnis, die Frage nach dem Sinn des Lebens und was nach dem Tod kommt, zu erörtern.

---

[30] Zur Hospizbewegung und zu Palliative Care siehe Monika Specht-Tomann/Doris Tropper, *Zeit des Abschieds. Sterbe- und Trauerbegleitung*, Ostfildern: Patmos, 7. Aufl. 2010, 70–79.

[31] Irrgang, *Grundriss der medizinischen Ethik*, 182.

5. »Eine saubere Lösung« – Erdbestattung oder Kremation?

»Lass die Toten ihre Toten begraben«

*W*er aus christlicher Sicht über Beerdigung sprechen will, muss sich dem harten Jesus-Wort stellen: *»Lass die Toten ihre Toten begraben«* (Matthäus 8,22; Lukas 9,60). Ist damit nicht klar, dass das Begräbnis eine Sache ganz ausserhalb des Evangeliums ist? Dass es aus christlicher Sicht also irrelevant und unwichtig ist? Rufen wir uns die Szene in Erinnerung, in welcher Jesus dieses Wort über die toten Totengräber gesagt hat. Jesus ist unterwegs durch die Dörfer. Menschen begegnen ihm und sind von ihm angezogen. Jesus ruft sie in seine Nachfolge. Einige hören den Ruf, haben aber noch Bedenken. Einer will nicht sofort den Weg mit Jesus weiter ziehen. Er hat noch eine dringliche Aufgabe: *»Herr, erlaube mir, zuerst nach Hause zu gehen und meinen Vater zu begraben«* (Lukas 9,59). Ist das nicht nobel? Gehört das nicht zur ganz normalen Menschenpflicht? Es galt als Unehre und hohes Übel, jemanden nicht zu bestatten.[32]

Die Antwort von Jesus fällt schroff aus: *»Lass die Toten ihre Toten begraben. Du aber geh und verkündige das Reich Gottes«* (Lukas 9,60).[33] Die Antwort von Jesus lässt sich am besten als eine Steigerung verstehen: Nach rabbinischer Lehre hat die Beerdigung von Verwandten eine höhere Priorität als die andern religiösen Pflichten. Man kann in diesen

---

[32] Vgl. Jüngel, *Tod*, 87.

[33] nach Matthäus: »Folge mir! Und lass die Toten ihre Toten begraben.« (Mt 8,22)

Umständen gar auf das Gebet und auf das Glaubensbekenntnis verzichten.[34] Jesus sagt nun: Es gibt noch eine höhere Priorität als die Beerdigung der Verwandten.

Dass es wichtigere Dinge gibt als Begräbnis und Totentrauer, wird in der Bibel mehrfach deutlich. Hohepriester und gottgeweihte Menschen – sogenannte »Nasiräer« – müssen ihre Aufgabe und ihre Weihe höher achten, sie müssen rein bleiben und dürfen sich daher nicht mit Toten verunreinigen, selbst wenn es die eigenen Verwandten sind (3Mose 21,11; 4Mose 6,6–7). Auch der Prophet Ezechiel darf nicht gemäß den gewöhnlichen Traditionen um seine verstorbene Frau trauern, um durch sein Verhalten dem Volk eine prophetische Botschaft weiterzugeben (Ezechiel 24,15–24).

In dieser Linie lässt sich das Jesus-Wort auch verstehen, allerdings wird es aber auf die Spitze getrieben: Nichts ist so wichtig, nicht einmal die Beerdigung von Verwandten, wie die Christusnachfolge. Nichts ist dringlicher, nicht einmal die eigene Familie, wie die Verkündigung, dass die gnädige Herrschaft Gott in seinem Sohn Jesus Christus angebrochen ist. Denn da – beim Reich Gottes – geht es nicht nur um die Frage des physischen Todes, sondern um alles oder nichts, um ewiges Leben oder ewige Verlorenheit, um Verderben oder Erlösung. Im Vergleich damit sind alle anderen Fragen des Lebens zweitrangig.

Mag eine Beerdigung erfolgen – schön und gut! Aber Du, der Du in die Nachfolge von Jesus Christus gerufen bist, Du sehe

---

[34] »Wer seinen Toten vor sich liegen hat, ist vom Šemâlesen [= Lesen des jüdischen Glaubensbekenntnisses], vom Gebet und von sämtlichen in der Gesetzlehre genannten Geboten befreit« Berakhoth III,i. Zitiert nach *Der Babylonische Talmud, Erster Band,* Leipzig: Harrassowitz, 2. vielfach berichtigte Aufl., 1906, 64.

zu, dass Du nicht das Wichtigste verpasst! Sieh zu, dass Du in Deinem Tagesgeschäft und in deinen gesellschaftlichen und familiären Verpflichtungen Christus nachfolgst! Alles andere – auch die Beerdigung – ist der Christusnachfolge nachgeordnet.

Was heißt das nun für eine christliche Bestattungskultur? Das Jesuswort stellt zunächst jede Bestattungskultur in Frage und erinnert uns daran, dass wir es hier nicht mit einer »letzten« Sache zu tun haben, sondern mit einer »vorletzten«.[35] Eine Bestattungskultur kann daher nie absolut sein. Sie ist immer im Verhältnis zur »letzten« Sache zu sehen, hat also nur eine »relative« Bedeutung. Nur im Verhältnis zum »Letzten« erhält das »Vorletzte« seinen Wert. Nur im Hangen an Jesus Christus und in der Teilhabe an seinem ewigen Leben können wir uns dann fragen, wie wir die Beerdigung praktisch gestalten.

Wir können den Gedanken aus Kapitel zwei, dass die Bestattungsart *nicht* heilsentscheidend ist, hier nochmals aufnehmen und vertiefen. Denn das zeigt das Jesuswort überdeutlich: Entscheidend ist eines: Die Christusnachfolge und die Verkündigung des Reiches Gottes! Darum geht es. Nur dann können wir also überhaupt mit Recht von einer *christlichen* Bestattungskultur sprechen, wenn diese Prioritäten klar gesetzt sind. Wenn also bei der Bestattungskultur deutlich wird, wer dieser Christus ist, der den Tod überwunden hat, und was es mit diesem Reich Gottes auf sich hat, das mit ihm angebrochen ist. Christliche Bestattungskultur ist im Kern eine Kultur, welche gerade nicht beim Toten stehenbleibt und welche dem Tod gerade nicht huldigt – sonst steht

---

[35] Die Unterscheidung stammt von Dietrich Bonhoeffer, *Ethik,* Dietrich Bonhoeffer Werke 6, München: Kaiser, 1992, 137–162.

sie unter dem scharfen Urteil Christi. Vielmehr ist eine Bestattungskultur dann christlich, wenn der Macht des Todes getrotzt wird, wenn nicht der Tod, sondern das Leben regiert, wenn nicht tote Totengräber, sondern der lebendige Auferstandene das Geschehen bestimmt.

Verwesen oder verbrennen?

*W*enden wir uns also jetzt den zweitrangigen Fragen zu – hier der Frage der Bestattungsart. Die jüdisch-christliche Kultur hat der Bestattung des Leibes immer einen grossen Vorzug eingeräumt und war gegenüber der Verbrennung des Leichnams zurückhaltend. Das hat nicht nur einen einzigen Grund, sondern ist das Ergebnis mehrfacher Beobachtungen und Überlegungen. Die wichtigsten davon sollen hier aufgeführt werden:

1. Gemäß dem biblischen Schöpfungsbericht hat Gott den Menschen aus Erde gebildet und ihm seinen Atem gegeben (1Mose 2,7). Der physische Tod besteht darin, dass der Mensch wieder zur Erde wird (1Mose 3,19). Das entspricht dem Vorgang der *Verwesung*, nicht der Verbrennung. Die Verwesungsdauer ist abhängig vom Wasser- und Sauerstoffgehalt der Umgebung. Bei der Beerdigung ist nach der normalen Ruhezeit von 25–30 Jahren in der Regel vom Leichnam nichts mehr übrig, höchstens noch Überreste der größten Knochen, also des Schädels und der Oberschenkel. Die Zersetzung der Knochen dauert wesentlich länger als die Verwesung des Gewebes. In vielen Kulturen findet daher eine doppelte Bestattung statt. Zunächst wird der gesamte Leichnam bestattet, in einem späteren Schritt werden die nach dem ersten Verwesungsvorgang gebliebenen Überreste, also die

Knochen, gesammelt und aufbewahrt, teilweise in einem extra dafür eingerichteten Raum, dem sogenannten *Ossarium* (Beinhaus).

2. Die Beerdigung bringt die *Leiblichkeit* des Menschen besser zur Geltung als die Verbrennung.[36] Die Beerdigung macht deutlich, dass der Leib zwingend zum Menschsein gehört. Leiblosigkeit ist für das Menschsein unvorstellbar. Gerade beim Tod, beim Begräbnis und bei der Auferstehung von Jesus Christus wird die leibliche Seite betont. Für den Soldaten, der beim Kreuz stand, war es ein Zeichen des körperlichen Todes, dass aus der Wunde, die er Jesus mit der Lanze zugefügt hat, Wasser und Blut herausfloss (Johannes 19,34). Die Nachfolger von Jesus haben sich um eine würdevolle Bestattung des Leichnams bemüht (Johannes 19,38–42). Im Apostolischen Glaubensbekenntnis wird ausdrücklich gesagt, dass Jesus »begraben« wurde. Die Auferstehung von Jesus Christus erfolgte leiblich, das Grab war am Ostersonntag leer. Deshalb hoffen Christen nicht einfach nur darauf, dass nach dem Tod nicht alles aus ist und eine körperlose Seele weiterexistiert, sondern sie hoffen auf die Auferstehung des Leibes.

3. Die Beerdigung bringt den *Zusammenhang zwischen irdischem Leib und Auferstehungsleib* zum Ausdruck. Der Leib der Auferstehung steht mit dem irdischen Leib in Verbindung, ist damit aber nicht identisch: »Gesät wird in Vergänglichkeit, auferweckt wird in Unvergänglichkeit. Gesät wird in Niedrigkeit, auferweckt wird in Herrlichkeit. Gesät wird in Schwachheit, auferweckt wird in Kraft«

---

[36] Rodney J. Decker, *Is It Better to Bury or to Burn? A Biblical Perspective on Cremation and Christianity in Western Culture*, 2006, www.dbts.edu/pdf/rls/Decker-Cremation.pdf [abgerufen am 4.10.2014], 17–22.

(1Korinther 15,43–44). Der irdische Leib ist der Vergänglichkeit unterworfen. Er verfällt (2Korinther 4,16). Der Auferstehungsleib dagegen ist unvergänglich. Der auferstandene Mensch hat einen Leib. Dieser ist aber nicht einfach die Fortsetzung unseres irdischen, vergänglichen, kranken und mit Schmerzen belasteten Körpers. Der Auferstehungsleib ist vollendet und vollkommen. So wie das Samenkorn in die Erde fällt und vergeht, damit es Frucht bringt (vgl. Johannes 12,24), so vergeht auch unser vergänglicher Leib und es geht daraus ein unvergänglicher Leib hervor. Die Bezeichnung eines Friedhofs als »Gottesacker« ist aus diesem Zusammenhang heraus gut verständlich. Der Friedhof ist der Acker, auf dem der irdische Leib ausgesät wird, damit daraus himmlische Frucht – nämlich der Auferstehungsleib – wächst.

> Herr Z. musste sich in hohem Alter ein Bein amputieren lassen. Trotzdem strahlt sein ganzes Leben Hoffnung und Zuversicht aus. Darüber staunten alle vom Pflegeteam. Als überzeugter Christ freute er sich auf die Auferstehung und wusste: Dann wird sein Leib vollständig wiederhergestellt sein. Er wird auf beiden Beinen stehen und Gott loben können.

4. Die Beerdigung ist Ausdruck der *Würde des Leibes* über den Tod hinaus. Die Würde des Menschen und die Würde des verstorbenen Leibes werden in einem inneren Zusammenhang gesehen. Den verstorbenen Leichnam zu würdigen heißt, die Würde des lebenden Menschen hochzuachten. Nicht beerdigt zu werden gilt daher als Entehrung des Menschen (z. B. 5Mose 28,26).

5. Die Beerdigung steht in einem inhaltlichen Zusammenhang zur *Taufe* des Menschen.[37] In ihr vollzieht sich die geistliche Wahrheit des Sterbens, des Begrabenwerdens und der Auferstehung (Römer 6,3–5). Das Begrabenwerden ist dabei das Bindeglied zwischen Sterben und Auferstehen. Das Tote wird nicht einfach vernichtet, sondern zu neuem Leben erweckt. Die christliche Taufe nimmt Tod, Beerdigung und Auferstehung des Menschen vorweg. Das gesamte Leben des Christen kann daher als Prozess des Sterbens und Auferweckens betrachtet werden.[38] Das Sterben gehört zur täglichen Erfahrung des Christen: »Doch um deinetwillen werden wir täglich getötet« (Psalm 44,23; zitiert in Römer 8,36). Und ebenso gehört die Erfahrung der Auferstehungskraft zum Christsein. Deshalb kann Paulus sagen: »Wir tragen allezeit das Sterben Jesu an unserm Leibe, damit auch das Leben Jesu an unserm Leibe offenbar werde« (2Korinther 4,10).

6. Die *Verbrennung* wird *als eine Todesstrafe* für schwere Vergehen angesehen (3Mose 20,14; 21,9).[39] Sie ist eine Steigerung gegenüber anderen Formen der Todesstrafe, bei welcher der Leichnam erhalten bleibt und normal bestattet werden kann.[40]

---

[37] Christian Grethlein, *Grundinformation Kasualien. Kommunikation des Evangeliums an Übergängen des Lebens*, UTB 2919, Stuttgart: UTB, 2007, 307ff.

[38] Markus Zimmermann-Acklin, *Menschenwürdig sterben? Theologisch-ethische Überlegungen zur Sterbehilfediskussion*, in: Jahrbuch für Biblische Theologie 19, 2004, 365–389, hier: 386.

[39] Jüngel, *Tod*, 86.

[40] Deshalb hat Calvin sich dafür eingesetzt, dass bei Servet die Todesstrafe nicht durch das Feuer, sondern durch das Schwert erfolgen sollte. Sein Einsatz war vergeblich, Servet wurde verbrannt.

7. Die *Verbrennung eines Leichnams* steht unter göttlichem Gericht (Amos 2,1–2). Sie gilt als eine Verunehrung des Toten und also Ausdruck des Wunsches, dass der Verstorbene an der endzeitlichen Auferstehung nicht teilhat, sondern dem ewigen Tod verfallen ist.[41] Die Verbrennung steht für die vollständige Vernichtung. Das gilt bei Personen ebenso wie bei den Opfertieren (2Mose 29,14.34), bei Götzenbildern (5Mose 7,5.25) oder bei Städten (1Sam 30,1).

   Natürlich: An der Wahrheit der leiblichen Auferstehung und an der Hoffnung darauf kann man auch festhalten, wenn man eine Bestattung durch Verbrennung vornimmt. Der materielle Vorgang der Verbrennung vermag die Auferstehung in keiner Weise aufzuheben. Das Festhalten der Christen an der Bestattung eines Leichnams ist aber ein deutliches Zeichen für die Würde des Leibes und für die Hoffnung auf die leibliche Auferstehung.

8. Die Beerdigung ist Ausdruck *christlicher Nächstenliebe*. Im großen Kapitel über das Weltgericht im Matthäus 25 zählt Jesus die sechs christlichen Taten auf, die zu jedem Christusnachfolger gehören sollten: Den Hungrigen speisen, den Durstigen tränken, den Fremden aufnehmen, den Nackten bekleiden, den Kranken pflegen und den Gefangenen besuchen. Diese Aufzählung wurde schon in der frühen Christenheit mit einem siebten Akt der Nächstenliebe ergänzt: Den Toten begraben. So schreibt der Kirchenvater Laktanz (ca. 250–320 n. Chr.): »Mittellose und Ankömmlinge mögen im Tode nicht unbestattet blei-

---

[41] Douglas Stuart, *Hosea–Jonah*, Word Biblical Commentary 31, Nashville, Tenn.: Thomas Nelson, 1987, 314f.

ben.«[42] Und Aristides verweist in seiner an Kaiser Hadrian gerichteten Verteidigungsrede des christlichen Glaubens auf die sozialen Leistungen der Christen, unter anderem auch auf die Sorge für die Toten: »Wenn aber einer von ihren Armen aus der Welt scheidet und ihn irgendeiner von ihnen sieht, so sorgt er nach Vermögen für sein Begräbnis.«[43] Auch Tertullian schreibt, dass die Geldspenden in der Gemeinde nicht »für Schmausereien und Trinkgelage oder nutzlose Fresswirtschaften ausgegeben« werden, sondern »zum Unterhalt und Begräbnis von Armen, von elternlosen Kindern ohne Vermögen, auch für bejahrte, bereits arbeitsunfähige Hausgenossen, ebenso für Schiffbrüchige, und wenn welche in den Bergwerken, auf Inseln oder in den Gefängnissen« sterben. Das führe – so Tertullian – dazu, dass Nichtchristen über die Christen sagen: »Siehe, wie sie sich untereinander lieben«.[44]

Kurz vor der Schliessung der Schweizergrenze im 2. Weltkrieg reiste die Schweizerfamilie M. von Polen in ihr noch sicheres Heimatland zurück. Die anstrengende Reise mit all dem verbundenen Stress überlebte ein Mann der Familie aber nicht und so starb er unterwegs. Die Familie konnte nicht wertvolle Zeit mit einem Begräbnis vergeuden, denn die Feinde kamen täglich näher und die Grenze war nur noch wenige Tage offen. So standen sie in dem Dilemma, was sie tun sollten. Die umsichtige Hausfrau hatte ein Goldstück

---

[42] *Des Lucius Caelius Firmianus Lactantius Schriften*, »Epitome divinarum institutionum«, Kap. 60, zitiert nach www.unifr.ch/bkv/kapitel502-60.htm [abgerufen am 4.10.2014].

[43] *Apologie des Aristides,* Kap. 15.8, zitiert nach www.unifr.ch/bkv/kapitel76-15.htm [abgerufen am 4.10.2014].

[44] *Apologeticum des Tertullion, Kap. 39,* zitiert nach www.unifr.ch/bkv/kapitel92-38.htm [abgerufen am 4.10.2014].

als Notreserve im Sack und gab dies einem Bauern an der Strasse mit der Auflage, ihren Mann in Würde zu begraben. Seither hat jeder in Familie M. – sinnbildlich – ein Goldstück als Notreserve zu Hause, damit ein Begräbnis auch in Krisenzeiten noch gewährleistet werden kann.

Wir können die Gedanken nun zusammenfassen: Nach christlichem Verständnis wird die Erdbestattung der Kremation vorgezogen. Das liegt nicht daran, dass die Erdbestattung geboten oder die Kremation verboten wäre. Vielmehr liegt der Grund darin, dass *die Erdbestattung dem christlichen Menschenbild besser entspricht*. Vor allem die Leiblichkeit des Menschen sowie die Hoffnung auf die Auferstehung kommen bei der Erdbestattung besser zum Ausdruck.

Großaufwand für Erdbestattung – Die Katakomben in Rom

Besonders eindrücklich ist das Zeugnis der frühen Christenheit in Rom. In dieser Großstadt mit damals schon rund einer Million Einwohner war die Feuerbestattung weit verbreitet. Es galt die Regel, dass niemand innerhalb der Stadtmauern bestattet werden darf, und zwar unter anderem aus hygienischen Gründen. Die Feuerbestattung war auch deshalb beliebt, weil sie wenig Platz benötigt. In einer relativ kleinen Bestattungsanlage können massenweise Urnen aufbewahrt werden. Solche Grabhäuser kann man heute noch rund um die Stadt außerhalb der antiken Stadtmauern besichtigen. In Rom wurde die Kremation praktiziert aus Gründen, die auch heute topaktuell sind: hygienisch, schnell, platzsparend.

Entgegen dieser Logik hat die frühe christliche Kirche sich mit größtem Einsatz für die Bestattung des Leichnams eingesetzt. Auch die Kirche war mit den gleichen Themen konfrontiert wie die übrige Bevölkerung: Die Bestattung muss außerhalb der Stadtmauer erfolgen, muss hygienisch sein und platzsparend. Die Lösung waren die Katakomben, unterirdische Grabanlagen mit Nischen zur Bestattung der Leichname. Die Nischen, welche die sterblichen Überreste enthielten, wurden mit einer Steinplatte verschlossen und abgedichtet. Diese Bestattungsform hatten bereits Juden in Rom praktiziert – es gibt heute noch jüdische Katakomben, die erhalten sind und besichtigt werden können, zum Beispiel diejenige an der Via Appia Antica. Es ist gut denkbar, dass die Christen sich von der jüdischen Bestattungspraxis inspirieren ließen. Im Unterschied zu den jüdischen Katakomben sind die christlichen größer und zahlreicher.[45] Die Grabanlagen erstrecken sich über mehrere Kilometer und enthalten bis zu drei Stockwerke und Tausende von Grabstellen. Mit größtem Aufwand wurden die Katakomben ausgegraben. Dafür haben die Christen keine Mühen gescheut. Sie haben sich unter anderem auch dafür eingesetzt, dass Märtyrer nicht verbrannt, sondern begraben werden.[46] Gegraben wurden die Katakomben von extra dazu ausgebildeten Katakombengräbern. Ihr Dienst war außerordentlich wichtig, und sie hatten den geistlichen Status eines Diakons.[47] In Rom gab es über 50 Katakomben mit Gängen von insgesamt

---

[45] Josef Rist, *Sterben und Tod in der Alten Kirche. Theologische Konzepte, Rituale und die römischen Katakomben*, in Christof Breitsameter (Hg.), Hoffnung auf Vollendung. Christliche Eschatologie im Kontext der Weltreligionen, Theologie im Kontakt 19, München: Lit, 2012, 67–88, 82.

[46] Victor Schultze, *Die Katakomben. Die altchristlichen Grabstätten. Ihre Geschichte und Ihre Monumente*, Hamburg: Severus, Nachdruck der Originalausgabe von 1882, 2013, 10f.

[47] Schultze, *Die Katakomben*, 29–31.

über 800 km.[48] Einige davon kann man heute noch besichtigen. Wer in diese Katakomben hinuntersteigt, staunt über das Geschick. Die Gräber unterschiedlicher Größen und Ausstattung lassen etwas erahnen von der Zusammensetzung der christlichen Gemeinde: Kinder, Erwachsene, Männer, Frauen, Große und Kleine, Beleibte und Schlanke, Reiche und Arme. »Der prinzipiellen Gleichheit im Leben entsprach die Gleichheit im Tode.«[49] Wo es Katakomben hat, gibt es auch Kirchen. Die Gemeinde der Lebenden, die miteinander Gottesdienst feierten, wussten sich verbunden mit den verstorbenen Gläubigen.

Die immer noch weit verbreitete Ansicht, dass die Katakomben Fluchtorte für verfolgte Christen waren, wo geheime Gottesdienste stattfanden, stimmt so nicht. Es war der Stadt Rom sehr wohl bekannt, wo die Katakomben waren. Katakomben waren daher denkbar ungeeignete Fluchtorte. Es stimmt, dass in Katakomben Gottesdienste gefeiert wurden, aber man hat diesen Ort nicht gewählt, um im Versteckten zu feiern, sondern um der Verstorbenen zu gedenken und zum Ausdruck zu bringen, dass die Gemeinde auf Erden, die *ecclesia militans* (kämpfende Kirche), mit der Gemeinde im Himmel, der *ecclesia triumphans* (triumphierende Kirche) zusammen Gott anbetet. Es stimmt auch, dass in Katakomben oft christliche Symbole zu finden sind, aber diese dienten nicht als Geheimcode, sondern waren allgemein bekannt, und es war allgemein üblich, bei Grabstellen symbolische Zeichen und Zeichnungen zu verwenden – nicht nur im christlichen Bereich.

---

[48] Schultze, *Die Katakomben*, 26.

[49] Schultze, *Die Katakomben*, 23.

Die heidnischen Römer waren beeindruckt vom hohen Einsatz, mit welchem die christliche Kirche die Toten und deren Leiber würdigte, so dass mit der Zeit auch in Rom die Erdbestattung an Ansehen gewann. Angesehene und reiche Menschen ließen sich nicht verbrennen, sondern brachten die höheren Kosten für eine Erdbestattung auf. Der Unterschied zu der christlichen Gemeinde blieb aber bestehen: Denn in der christlichen Gemeinde wurde jedem eine Erdbestattung ermöglicht, unabhängig von Ansehen und Reichtum. Gemäß dem heidnischen Kaiser Julian war die christliche Sorge für die Toten einer der Gründe, welche zur Ausbreitung des Christentums beigetragen hat.[50] Diese Sorge für alle hatte zur Auswirkung, dass es sich bei den Grabstellen nicht um Familiengräber handelte, wie das in der Antike in fast allen Kulturen üblich war, sondern um Gemeinschaftsgräber. Nach Schultze ist es geradezu das spezifisch christliche, dass die Kirche an die Stelle des abgeschlossenen Familiengrabs den Gemeindefriedhof als gemeinsame Grabstätte aller Angehörigen der Kirche gesetzt hat.[51]

Beim Besuch der frühchristlichen und antiken Orte in Rom ist uns aufgefallen, wie offen die ersten Christen die römische Kultur aufgenommen haben. So wurden beispielsweise Säulen von römischen Tempeln für den Bau von Kirchen benutzt. Hinsichtlich der Kultur gab es also wenig Berührungsängste. Man könnte eigentlich erwarten, dass hinsichtlich der Bestattung die gleiche kulturelle Offenheit bestand und dass die frühen Christen sich der römischen Bestattungspraxis angepasst hätten. Aber während in andern Bereichen diese Anpassung offensichtlich war, haben sich die ersten Christen

---

[50] So im Brief XLIX des Kaisers Julian an Arsakios, Siehe dazu Grethlein, *Grundinformation Kasualien*, 27.

[51] Schultze, *Die Katakomben*, 18–23.

bei der Bestattung gerade nicht angepasst, sondern im Kontrast zur bestehenden Praxis auf der Erdbestattung bestanden, obwohl diese aufwendiger, teurer und komplizierter war. Das war es den ersten Christen wert! Sie setzten damit ein öffentliches, sichtbares Zeichen für ihren Glauben. Ihre Bestattungsart war selber eine Form der Verkündigung, die gehört und verstanden wurde. So sprechen die Katakomben bis heute eine deutliche Sprache für eine von Auferstehungshoffnung geprägte Erdbestattung und lassen das lebendige Zeugnis der ersten Christen bis zu uns strahlen.

Kremation

*K*remation lässt sich als beschleunigter Vorgang einer natürlichen Entwicklung verstehen. Bei der Verbrennung wird in einer extrem starken Beschleunigung vorweggenommen, was bei einem natürlichen Vorgang das Ende eines langen Verwesungsprozesses ist, nämlich die Auflösung des Leibes.[52] Der gesamte Körper wird in kurzer Zeit verbrannt. Die übriggebliebenen Knochenreste werden klein zermahlen. Vom Körper bleibt nichts übrig außer ein Häuflein Asche.

Die Verbrennung des Leichnams ist außerhalb des jüdisch-christlichen Kulturraums weit verbreitet. Innerhalb des christlichen Kulturraums ist die Kremation eine verhältnismäßig neuere Erscheinung. Die Väter der alten Kirche haben mit dem Hinweis auf die leibliche Auferstehung die Erdbestattung bevorzugt, Tertullian hat die Kremation ausdrück-

---

[52] Decker, *Is It Better to Bury or to Burn*, 37.

lich als heidnisch abgelehnt.[53] Karl der Große hat die Kremation zum Kapitalverbrechen erklärt, worauf die Todesstrafe stand: »Todesstrafe erleidet der, der nach heidnischem Brauch Leichen bestattet, indem er den Körper den Flammen preisgibt«.[54] Die ablehnende Haltung gegenüber der Kremation haben im Grundsatz auch die Reformatoren geteilt, auch wenn für sie deutlich war, dass die Bestattung zu den *Adiaphora*, also den unbedeutenden Stücken des Glaubens, gehört.[55]

Die Kremation wurde im 19. Jahrhundert durch antichristliche Freidenker initiiert, die damit einen bewussten Gegenpol zur christlichen Auferstehungshoffnung setzen wollten.[56] Anfänglich wurde die Kremation nur zurückhaltend praktiziert. Seit der Mitte des 20. Jahrhunderts gewann sie ständig an Bedeutung. In den USA erfolgen rund 30 % aller Bestattungen durch Kremation, in Großbritannien rund 70 %,[57] in Deutschland durchschnittlich 40 % mit deutlich höheren Prozentzahlen in Ostdeutschland und in den Großstädten.[58] Die

---

[53] Nach Tertullian ist die Verbrennung eines Leichnams ein schrecklicher Vorgang und kein Ausdruck von Verwandtenliebe. Er hält es für eine Beleidigung, wenn man dann einer verbrannten Person noch ein Opfer darbringt: »Sind es denn eigentlich Opfer oder Beleidigungen, was sie darbringt, wenn sie verbrannten Personen etwas verbrennt?«, *Über die Auferstehung des Fleisches 1*, zitiert nach www.unifr.ch/bkv/kapitel1898.htm [abgerufen am 4.10.2014].

[54] Gesetz zur Christianisierung der Sachsen, *Capitulatio de partibus Saxoniae,* 782 n. Chr., zitiert nach de.wikipedia.org/wiki/Capitulatio_de_partibus_Saxoniae [abgerufen am 4.10.2014].

[55] EKD, *Herausforderungen evangelischer Bestattungskultur*, 12.

[56] David W. Jones, *To Bury or Burn? Toward an Ethic of Cremation*, in: Journal of the Evangelical Theological Society 53, 2010, 335–347, hier: 339.

[57] Decker, *Is It Better to Bury or to Burn*, 2f.

[58] EKD, *Herausforderungen evangelischer Bestattungskultur*, 9.

Hauptgründe, die für die Feuerbestattung angeführt werden, sind ökonomischer Natur: Kremation ist günstig, umweltschonend und platzsparend.[59]

> Die ökologische Argumentation begegnet oft im Zusammenhang mit Medikamenten: Herr L. hatte ein schweres Leben mit vielen Krankheiten: Neben einer Multiplen Sklerose kam ein aggressiver Krebs dazu, viele Chemotherapien mussten bewältigt werden und so waren die letzten Jahre seines Lebens ein dauernder Wechsel zwischen Spital und Pflegeheim. Bedingt durch diese lange Krankheitszeit musste Herr L. viele Medikamente schlucken und fühlte sich dadurch nicht gesünder, sondern immer kränker. Vor seinem Tod äußerte er den Wunsch, seinen von Krankheit und Medikamenten verseuchten Körper einmal verbrennen zu lassen, um nicht noch den Erdboden zu vergiften, sondern durch die Kremation von seinem Körper der Nachwelt eine »saubere« Lösung zu hinterlassen.

Allerdings gibt es bezüglich den Umweltfaktoren auch andere Stimmen. Umweltschützer haben die erhöhte CO_2-Produktion kritisiert, die durch die Verbrennung entsteht. In Bremen hat die Fraktion Bündnis 90/Die Grünen eine Anfrage für ein »Umweltfreundliches Bestattungswesen« platziert.[60] Darin wird die sogenannte »Profession« als umweltfreundlichere Alternative zur Kremation vorgezogen. Unter »Profession« versteht man den Vorgang, dass der Leichnam gefriergetrocknet und anschließend das Granulat kompostiert wird.

---

[59] Jones, *To Bury or Burn*, 336.

[60] Fraktion Bündnis 90/Die Grünen, *Umweltfreundliches Bestattungswesen im Land Bremen*, www.gruene-fraktion-bremen.de/fileadmin/media/LTF/fraktionbremen_de/homepage/buerge rschaftsarchiv/grosse_anfrage_umweltfreundliches_bestat/grosse_anfr age_umweltfreundliches_bestat.pdf [abgerufen am 4.10.2014].

Im Hintergrund steht ein naturalistisch-materialistisches Menschenbild, das im menschlichen Leib nicht mehr erkennt als ein biologisches Konstrukt, das im Kreislauf des Lebens eingebettet ist und auch bleiben soll. Ein ähnlicher Gedanke steht hinter dem Konzept des »Friedwaldes«. Die Asche wird dort in einem Waldstück an der Wurzel eines Baumes vergraben: »Es ist wie ein natürlicher Kreislauf ... Wenn der Baum deren Nährstoffe aufnimmt, lebt man gewissermaßen im Baum weiter ... natürlich nur symbolisch.«[61]

Von kirchlicher Seite gab es im 20. Jahrhundert eine Öffnung für die Kremation. Die evangelische Kirche hat in den 1920er-Jahren die Kremation akzeptiert. Die Römisch-katholische Kirche hat 1886 die Kremation noch verboten, sie 1963 dann aber unter der Bedingung erlaubt, dass sie nicht aus antichristlichen Motiven erfolgt.[62] Im Katechismus heißt es: »Die Kirche gestattet die Einäscherung, sofern diese nicht den Glauben an die Auferstehung des Fleisches in Frage stellen will.«[63]

Grethlein regt an, darüber nachzudenken, ob nicht bei der Bestattungsform eine *»Kontrakulturalität«* angesagt sei. Damit meint er, dass die kirchlichen Bestattungsformen nicht einfach dem gesellschaftlichen Mainstream folgen, sondern dazu einen Kontrast bilden. Grund für diese Kontrastkultur ist die Auferstehung von Jesus Christus, welche jeden gesellschaftlichen Mainstream durchbricht.[64] Dabei denkt Grethlein

---

[61] *Unter Bäumen die letzte Ruhe finden*, NZZ vom 24. Juli 2014.

[62] *Instructio de cadaverum crematione* vom 5. Juli 1963, in: Acta Apostolicae Sedis 56, 1964, 882f.

[63] Katechismus der Katholischen Kirche, 1997, Nr. 2301, zitiert nach: www.vatican.va/archive/DEU0035/_P86.HTM [abgerufen am 4.10.2014].

[64] Grethlein, *Grundinformation Kasualien*, 305.

insbesondere daran, sich nicht von der Schnelllebigkeit und der Ökonomisierung der Gesellschaft bestimmen zu lassen, sondern bei der Bestattung deutlich zu machen, dass man Zeit hat und den Aufwand nicht scheut.[65] Grethlein sucht nach innovativen Wegen, wie auch bei alternativen Bestattungsformen wie der Kremation das christliche Gedankengut vermittelt und die Anonymisierung des Todes durchbrochen werden kann.[66] Solche Ansätze sind zu begrüßen. Ganz grundsätzlich aber ist festzuhalten: Der einfachste Weg, in der Bestattungspraxis dieses kontrakulturelle Element zum Ausdruck zu bringen, besteht in der Förderung der Erdbestattung. Denn gerade dort wird die gesellschaftliche Logik des »schnell & billig« überwunden. Die Erdbestattung bietet die natürlichsten Ansatzpunkte, um die Auferstehungshoffnung in der Begräbniskultur deutlich werden zu lassen. Bei allen anderen Bestattungsvarianten ist der Aufwand, die Verbindung zur leiblichen Auferstehung herzustellen, viel komplizierter und künstlicher.

Erdbestattung fördern

*a*ufgrund der biblisch-theologischen Überlegungen ist es gerechtfertigt, sich für die Erdbestattung einzusetzen und sich dabei nicht von ökonomischen und zweckrationalen Überlegungen steuern zu lassen. Der Einsatz für Erdbestattung kann auf unterschiedlichen Ebenen erfolgen.

---

[65] Grethlein, *Grundinformation Kasualien*, 306.

[66] Grethlein, *Grundinformation Kasualien*, 307ff.

Das bedeutet auf der *politischen Ebene*, dass das Recht auf Erdbestattung erhalten werden muss. Sollte ein politischer Druck in Richtung Kremation entstehen, ist diesem entschieden Widerstand zu leisten. Die Freiheit zur Erdbestattung muss gewährleistet bleiben und es darf nicht sein, dass ein Mensch sich extra dafür rechtfertigen müsste, sollte er diese Bestattungsform wählen. Vielmehr ist ein solcher Entscheid zu achten und zu würdigen.

Auf der *kirchlichen Ebene* bedeutet das, dass sich die Kirche und ihre Vertreter für die Erdbestattung einsetzen und auch in der seelsorgerlichen Begleitung den Sinn dieser Bestattungsform deutlich kommunizieren. Es ist angebracht, dass Kirchenmitglieder zur Erdbestattung ermutigt werden. Gleichzeitig ist es erforderlich, den Hintergrund zu erläutern. Sonst droht die Moralisierung der Bestattungsform. Aus einer Sache der Freiheit wird ein christliches Gesetz. Bei aller Ermutigung zur Erdbestattung muss deutlich bleiben, dass es dabei um eine zweitrangige Frage geht. Gleichzeitig darf es aber auch nicht sein, die Frage der Bestattungsform als gleichgültig anzusehen oder jede Bestattungsform als gleichwertig einzustufen.[67] Hier ist von Seiten der Kirche und ihrer Vertreter Klarheit und hohe Sensibilität gefragt.

Auf der *persönlichen Ebene* bedeutet das, dass dort, wo Freiraum zur eigenen Entscheidung und Mitbestimmung vorhanden ist, dieser auch genutzt wird. Im Blick auf das eigene Sterben kann die Selbstbestimmung durch eine Verfügung erfolgen, dass man selber eine Erdbestattung wünscht. Geht es um die Bestattung von Verwandten, welche keine klaren Wünsche im Blick auf eine Bestattung geäußert haben, kann

---

[67] In diese Tendenz geht EKD, *Herausforderungen evangelischer Bestattungskultur*.

unsere Rolle darin bestehen, den Sinn einer Erdbestattung aufzuzeigen und nicht vorschnell und diskussionslos einer Kremation zuzustimmen.

> Frau H. äußert ihre Bedenken bezüglich Kremation. Will sie in das gleiche Grab wie ihr Ehemann, der vor einigen Jahren verstorben ist, muss sie sich laut Friedhofverordnung aber kremieren lassen. Dieser Gedanke macht ihr sehr Angst und lässt sie innerlich nicht mehr zur Ruhe kommen. Erst durch die Zusage, dass sie einmal eine würdige Erdbestattung bekommt, lässt diese innere Unruhe wieder von ihr ab. Zwar wäre sie furchtbar gerne am gleichen Ort wie ihr Mann begraben worden, doch war beides nicht möglich und so entschied sie sich, ihrer inneren Stimme zu folgen und sich für eine Erdbestattung zu entscheiden. Diesen Entscheid hielt sie dann auch schriftlich in ihren Unterlagen fest und teilte ihn ihren Kindern mit.

6.»Im engsten Familienkreis« – Private oder öffentliche Trauerfeier?

Die Totenklage in biblischer Zeit

ie Bibel berichtet uns an einigen Stellen darüber, dass bei einem Todesfall eine Totenklage stattgefunden hat. Hier einige Beispiele:

♦ Nach dem Tod Sarahs hält Abraham die Totenklage, anschließend erwirbt er eine Grabhöhle, um sie zu beerdigen (1Mose 23).

♦ Besonders ausführlich wird uns die Totenklage beim Tod Jakobs geschildert (1Mose 50). Joseph weint, küsst den verstorbenen Vater, Jakob wird einbalsamiert – ein Vorgang, der 40 Tage dauerte, dann wird Jakob von den Ägyptern 70 Tage beweint. Josef bringt Jakob nach Kanaan, um ihn dort zu begraben. Die ganze Familie Jakobs und viele Offizielle Ägyptens begleiten ihn. In Kanaan fand nochmals eine große und feierliche Totenklage von sieben Tagen statt.

♦ Beim Tod des Richters und Propheten Samuel wird berichtet, dass »ganz Israel« um ihn die Totenklage hielt (1Sam 25,1; 1Sam 28,3).

♦ Nach dem Märtyrertod des Stephanus wurde eine »große Totenklage« gehalten, organisiert durch »gottesfürchtige Männer« (Apostelgeschichte 8,2).

Die Beispiele zeigen, dass sowohl private als auch öffentliche Trauer praktiziert wurde. Die öffentlichen Trauerfeiern und Trauerrituale schufen dabei einen Raum zur individuellen Trauerverarbeitung. Eine gesetzliche Regelung für Trauerrituale enthält die Bibel nicht. Es geht also auch bei dieser Frage nicht um die Einhaltung religiöser Gesetze, sondern um eine möglichst sinnvolle Gestaltung des Freiraums, der uns gegeben ist. Sicher gab es auch in biblischen Zeiten die ganz normale menschliche Tendenz, dann eine große Totenklage zu veranstalten, wenn es um bedeutsame und berühmte Personen ging. Das liegt in der Natur der Sache. Diese Tendenz lässt sich bis in die Gegenwart feststellen.

Gesellschaftliche Tendenzen

*a*ls generelle Entwicklung lässt sich beobachten, dass öffentliche Trauerfeiern besonders bei berühmten Persönlichkeiten – zum Beispiel beim Tod von Lady Diana – oder bei großen Unglücksfällen veranstaltet werden. Einen entscheidenden Beitrag dazu liefern die Medien. Ein Todesfall, der mediale Aufmerksamkeit erlangt, ruft geradezu nach einer öffentlichen Trauerfeier.

Umgekehrt gilt: Was medial nicht interessant genug ist, dazu gibt es kaum Anlass für eine öffentliche Feier. Und das gilt bei den meisten ganz normalen Todesfällen. Der Kreis derjeniger, die an einem Todesfall einer »gewöhnlichen« Person Anteil nehmen, wird tendenziell kleiner als früher. Es gibt eine zunehmende Zahl von Bestattungen, bei der außer der Pfarrperson gar niemand mehr anwesend ist.[68] Die Individualisierung hinterlässt auch hier deutliche Spuren. Der Todesfall eines Menschen wird kaum mehr als ein soziales und gesellschaftliches Ereignis wahrgenommen. Zunehmend

---

[68] Dieter Becker, *Solitarbestattung. Evangelische Bestattungen ohne Angehörige als theologische Herausforderung*, in: Pastoraltheologie 102, 2013, 355–370.

werden anonyme Bestattungsformen gewählt[69] – also Bestattungsformen, bei denen der Bestattungsort nicht mit dem Namen der bestatteten Person versehen wird und daher auch nicht mehr identifizierbar ist. Zu solchen anonymen Bestattungsformen gehören beispielsweise Gemeinschaftsgräber oder auch verschiedene alternative Bestattungsformen der Asche. In der Regel ist eine Kremation Voraussetzung für eine anonyme Bestattung. Durch die Anonymität der Bestattung wird die Tendenz verstärkt, dass der Tod an den Rand der Gesellschaft gedrängt wird.

Aus christlicher Sicht ist diese Unterscheidung von medial interessanten und uninteressanten Todesfällen kritisch zu hinterfragen. Jeder Mensch ist ein Geschöpf Gottes. Jeder Mensch ist mit unverlierbarer Würde ausgestattet. Jeder Mensch ist Teil der menschlichen Gesellschaft und steht in sozialen Beziehungen. *Kein Mensch ist so unbedeutsam, dass er es nicht wert wäre, öffentlich von ihm Abschied zu nehmen.* Kein Mensch kommt anonym in diese Welt und verlässt sie anonym. Ganz grundsätzlich lässt sich deshalb festhalten, dass jeder Todesfall nicht nur individuelle, sondern auch soziale und gesellschaftliche Bedeutung hat. Es gehört daher unseres Erachtens zur Aufgabe der christlichen Kirche, diesen Sachverhalt deutlich herauszustellen.

> Herr P. hatte keine direkten Verwandten und starb einsam in einem Pflegeheim. Die weit entfernten Angehörigen sagten, dass sie die Abschiedsfeier in der Friedhofkapelle in ganz kleinem Rahmen halten wollen, denn die Bekannten und Verwandten hätten sich in den letzten Jahren auf eine Handvoll Leute vermindert. Ich ermutigte sie, die Trauerfeier trotzdem öffentlich in der lokalen Zeitung auszuschreiben. Tat-

---

[69] EKD, *Herausforderungen evangelischer Bestattungskultur*, 9.

sächlich kamen einige Personen zur Abschiedsfeier, die niemand erwartet hatte oder kannte: Ehemalige Nachbarn und Bekannte aus einer früheren Turngruppe; alles Leute, die mir am Schluss der Trauerfeier dankend die Hand geschüttelt haben und so froh waren, dass sie vom Tod ihres Bekannten gehört haben und noch Abschied nehmen konnten. Sie waren dankbar, dass via Zeitung der Tod ihres Bekannten öffentlich bekannt gegeben wurde.

Seelsorgerliche Überlegungen

aus seelsorgerlicher Sicht geht es bei der Gestaltung der Totenklage bzw. der Abschiedsfeier darum, den Menschen die Möglichkeit zu geben, über den Tod der verstorbenen Person zu trauern und von ihr Abschied zu nehmen.

Aus Erfahrung ist der Kreis derjeniger Personen, die das gerne tun, oft größer, als die Angehörigen vermuten. Wenn es keine öffentliche Bestattung und Trauerfeier gibt, und wenn dann noch dazu kommt, dass ein anonymes Grab gewählt wird, verstärken sich diese Probleme wesentlich. Es gibt dann kaum mehr Wege, wie auf eine gesunde Weise um die verstorbene Person getrauert werden kann: keine Feier und kein Gang zum Grab. Besonders schmerzvoll ist es, wenn die Person kremiert wurde und die Asche irgendwo verstreut liegt und man keinen Anhaltspunkt mehr hat, wo man in Trauermomenten hingehen kann.

Herr G. ist tief betrübt. Sein Enkel ist unerwartet und viel zu früh aus dem Leben geschieden. Statt einer Erdbestattung fand eine Kremation statt und auf Wunsch der Eltern wurde die Asche in einem Fluss verstreut, weil der Sohn sich in seinem Leben so gerne im Wasser aufhielt. Herr G. konnte aus gesundheitlichen Gründen nicht an der Abschiedsfeier dabei sein und konnte somit nie richtig Abschied nehmen. Es gab keinen offiziellen Rahmen, in welchem er seine Trauer ausleben konnte. Allzu gerne würde er wenigstens einmal ans Grab gehen, was aber auch nicht möglich ist. Herr G. fühlt sich wie im Regen stehengelassen. Eine tiefe Traurigkeit und Mutlosigkeit überfällt ihn immer wieder, wenn er an die »Beerdigung« seines Enkels denkt.

Öffentliche Trauer

ie Öffentlichkeit eines Todesfalls kann auf unterschiedliche Weise zum Ausdruck gebracht werden:

♦ Die *öffentliche Information* über den Todesfall kann zum Beispiel durch Todesanzeigen in Zeitungen, durch den Versand von Trauerzirkularen und durch Abkündigungen im Gottesdienst erfolgen. Dabei empfiehlt es sich, zumindest diejenigen lokalen Zeitungen zu berücksichtigen, die dem Netzwerk der verstorbenen Person entsprechen, so zum Beispiel die lokale Zeitung des Sterbeorts und des Herkunftsorts.

♦ Die Möglichkeit für alle, um vom Verstorbenen Abschied zu nehmen, ist unter anderem gegeben, wenn der *Leichnam an einem öffentlich zugänglichen Ort aufgebahrt* ist, wenn eine öffentliche Abschiedsfeier und Bestattung stattfindet. Die meisten Spitäler, Pflegeheime und Friedhöfe stellen Aufbahrungsräume zur Verfügung. Es ist auch möglich, eine verstorbene Person zu Hause bis zu einem Zeitraum von maximal drei Tagen aufgebahrt zu lassen. Wir empfehlen, hier die lokalen rechtlichen Bestimmungen abzuklären. Eine Aufbahrung kann mit geschlossenem Sargdeckel erfolgen, oder aber auch offen, so dass der gesamte Körper oder auch nur das Gesicht sichtbar sind. Gerade bei unerwarteten Todesfällen hilft eine offene Aufbahrungsvariante den Hinterbliebenen bei der Verarbeitung und dem Abschiednehmen. Bei geschlossener Aufbahrung kann man auch gut ein Foto der verstorbenen Person dazu stellen, zum Beispiel in Verbindung mit schönem Blumenschmuck und einer Kerze.

♦ Eine *öffentliche Trauerfeier* gibt die Gelegenheit, in der Bestattungspredigt öffentlich den Auferstehungsglauben zu bezeugen.[70] Besonders hilfreich ist es, wenn die Bestattung im Rahmen der öffentlichen Abschiedsfeier stattfindet. Damit wird die Verbindung von Abschied und Grabstelle verstärkt. Man geht gemeinsam zum Grab. Die Grablegung findet unter Anwesenheit der Teilnehmenden statt. Rituale bei der Grablegung wie das Werfen von Blumen oder Erde helfen den Teilnehmenden beim Abschiednehmen.

> Herr X. kommt ganz verwirrt von einer Beerdigung nach Hause. Die sogenannte Beerdigung war gar keine Beerdigung mehr, wie er sie sich vorgestellt hatte, sondern nur noch eine Gedenkfeier an die verstorbene Person. In der Friedhofkapelle war kein Sarg zu sehen, auch keine Urne. Das einzig persönliche war die Verle-

---

[70] Ausführlich bei Christoph Stebler, *Die drei Dimensionen der Bestattungspredigt. Theologie, Biographie und Trauergemeinde*, TVZ Dissertationen, Zürich: TVZ, 2006;
Lutz Friedrichs, *Evangelische Bestattung im gesellschaftlich-kulturellen Wandel. Praktisch-theologische Grundlegung*, in: ders. (Hrsg.), Bestattung. Anregungen für eine innovative Praxis, Dienst am Wort. Die Reihe für Gottesdienst und Gemeindearbeit 153, Göttingen: Vandenhoeck & Ruprecht, 2013, 11–34.

sung des Lebenslaufes. Man ging nicht auf den Friedhof, um den Toten wirklich zu bestatten, sondern traf
sich nur noch in der Kapelle, um an die tote Person zu
denken. Herr X. weiß nun nicht einmal, wo sich das
Grab befindet und fühlt sich deshalb ganz verloren
und enttäuscht. Es gab keine Möglichkeit, dass er der
Trauer Ausdruck geben konnte. Ein richtiges Abschiednehmen war für ihn nicht möglich.

◆ Eine *öffentlich zugängliche Grabstelle* mit Angabe des
Namens der verstorbenen Person gibt die Möglichkeit,
dass Angehörige, Freunde und sogar Unbekannte am Todesfall Anteil nehmen und der Person gedenken.[71] »Ein
konkreter Erinnerungsort, ein identifizierbarer Grabstein,
ja schon ein umgrenzter Bereich auf einem Friedhof haben für nicht wenige Menschen zentrierende und darum
heilende Bedeutung.«[72] Gerade an besonderen Tagen wie
der Geburtstag oder Todestag des Verstorbenen, Weihnachten, Ostern oder Allerheiligen kann ein Gang zum
Grab Hilfe in der Trauerbewältigung sein.

> Frau C. hat innerhalb eines Jahres ihren Ehemann, ih-
> re Mutter und ihre Schwester verloren. Weihnachten
> ist eine schwere Zeit, in der sie die Angehörigen be-
> sonders vermisst. An Weihnachten macht sie daher
> einen Spaziergang auf den Friedhof und geht bei allen
> drei Gräbern vorbei. Dies tröstet sie. Sie weiß sich mit
> den Angehörigen verbunden, selbst wenn man jetzt
> nicht mehr gemeinsam feiern kann.

◆ Das Internet eröffnet zudem neue Wege, um *einer verstorbenen Person zu gedenken*.[73] Solch neue Wege bieten

---

[71] Siehe dazu Nüchtern, *Bestattungskultur in Bewegung*, 12.

[72] EKD, *Herausforderungen evangelischer Bestattungskultur*, 11.

[73] z. B. www.gedenkseiten.de; www.internet-friedhof.de;
www.internetfriedhof.ch [abgerufen am 4.10.2014]

eine Chance zur Auseinandersetzung mit dem Tod und mit verstorbenen Personen – gerade in Milieus, die stark durch digitale Medien geprägt sind. Sie haben jedoch einen virtuellen Charakter. Es macht einen Unterschied, ob ich auf einem Friedhof vor einem Grab stehe oder am Schreibtisch vor einem Bildschirm sitze. Virtuelle Formen sind hilfreich, sie können aber die für den christlichen Glauben so zentrale leiblich-geschöpfliche Dimension niemals vollwertig einholen. Sie können leibliche Formen der Bestattung und der Erinnerung ergänzen, aber nicht ersetzen.

All diese Elemente tragen dazu bei, die gesellschaftliche Dimension des Todesfalls zu stärken. Sie geben auf unterschiedliche Weise den Angehörigen, Freunden und der Gesellschaft die Möglichkeit, um einen verstorbenen Menschen zu trauern, von ihm Abschied zu nehmen, und seiner zu gedenken.

Wer den Abschied von einem verstorbenen Menschen bewusst öffentlich gestaltet, setzt damit auch ein Zeichen gegen die Individualisierung und Tabuisierung des Todes. Ein Todesfall ist kein rein individuelles und privates Geschehen. Viel mehr trägt man mit einem öffentlichen Abschied der Würde des verstorbenen Menschen als einem Glied der menschlichen Gesellschaft Rechnung. Der Tod eines Menschen geht uns alle an! Und gegen die Tabuisierung des Todes sind öffentliche Feiern eine Möglichkeit, den Tod aus dem Rand des gesellschaftlichen Lebens wieder etwas stärker in die Mitte zu rücken.

Wenn wir uns also dafür einsetzen, dass ein Todesfall ein öffentliches Ereignis ist und als solches zu würdigen ist, dann geht es uns dabei nicht nur um den Einzelfall der verstorbenen Person, sondern auch um gesamtgesellschaftliche Entwicklungen. In diesem Sinne empfehlen wir, Abschiedsfeiern nicht einfach nur im »engsten Familienkreis« durchzuführen, sondern einer möglichst breiten Öffentlichkeit zugänglich zu machen.

> Frau D. war die letzten zwei Jahre ihres Lebens im Pflegeheim. Nachdem ihre Kräfte mehr und mehr nachgelassen haben und sie letztlich friedlich einschlafen durfte, wird dort bewusst und öffentlich von ihr Abschied genommen. Am Anschlagbrett wird ein Aushang über ihren Tod gemacht, vor ihrer Zimmertüre eine Kerze mit einem Foto von ihr aufgestellt, so dass alle im Pflegeheim mitbekommen, dass Frau D. nun gestorben ist. Bei einer kurzen Aussegnungsfeier im Heim dürfen dann sowohl die nächsten Angehörigen wie auch Pflege- und Hauswirtschaftspersonal dabei sein, einfach alle, die in diesen letzten zwei Jahren mit Frau D. zu tun hatten und nun bewusst und würdig von ihr Abschied nehmen wollen. Dabei gruppieren die Anwesenden sich um die verstorbene Person, so dass sie gewissermassen noch dabei ist. So kann auch die eine oder andere Begebenheit mit ihr erzählt werden, ein Segen von Gott wird mitgegeben und ein Dank an alle, die sich mit ihrem Sein und ihrer Arbeit im Leben von Frau D. investiert haben. Ein so bewusst gestalteter Abschied gerade vor Ort hilft, der Trauer und dem Abschied Ausdruck zu geben, bevor man dann mit der normalen Arbeit weiterfahren muss.

7. »Letzte Reisevorbereitungen« – Vorbereitet Sterben

*M*artin Luther hat 1519 eine Predigt darüber gehalten, wie man sich auf das Sterben vorbereiten soll. Die ersten drei Punkte seiner Predigt enthalten zentrale Elemente, die auch heute noch topaktuell sind:[74]

1. Die *Regelung der zeitlichen Dinge*: »Weil der Tod ein Abschied ist von dieser Welt und von allen ihren Geschäften, ist es nötig, dass der Mensch sein zeitliches Gut in Ordnung bringe, wie es sich gehört oder er es zu regeln gedenkt, damit nach seinem Tode kein Anlass zu Zank, Hader oder sonst einem Zweifel unter seinen hinterbliebenen Verwandten zurückbleibt.«

2. Die *Beziehung zu den Mitmenschen*: »Man soll freundlich, rein nur um Gottes willen, allen Menschen vergeben, so sehr sie uns auch Leid zugefügt haben mögen. Umgekehrt soll man auch, rein um Gottes willen, von allen Menschen Vergebung begehren.«

3. Die *Ausrichtung auf Gott*: »Wenn man so jedermann auf Erden Abschied gegeben hat, dann soll man sich allein auf Gott richten. Denn dorthin wendet sich und führt uns auch der Weg des Sterbens. Und zwar fängt hier die enge Pforte an, der schmale Pfad zum Leben; darauf muss sich jeder fröhlich wagen.«

Diese Aspekte wollen wir weiter vertiefen.

---

[74] Die folgenden Zitate alle aus Luther, *Sermon von der Bereitung zum Sterben*.

Ausrichtung auf Gott

*D*ie Vorbereitung auf das Sterben beinhaltet wesentlich die Klärung der eigenen Beziehung zu Gott. »Keiner von uns lebt für sich selbst, und keiner stirbt für sich selbst. Leben wir, so leben wir dem Herrn, sterben wir, so sterben wir dem Herrn. Ob wir nun leben oder sterben, wir gehören dem Herrn. Denn dazu ist Christus gestorben und wieder lebendig geworden: dass er Herr sei über Tote und Lebende« (Römer 14,7–9).

Es geht also darum, dass wir Jesus Christus als den Herrn anerkennen. Glauben Sie das? Dass Jesus der Herr ist über Tote und Lebende? Und dass Sie selbst im Sterben nicht allein sind, sondern diesem Herrn gehören? Darin liegt der Trost im Sterben, dass selbst der Tod uns von Jesus Christus nicht scheiden kann. Darin liegt auch die Hoffnung, dass mit dem Sterben nicht alles aus ist.

Es kann sein, dass in der eigenen Lebensgeschichte Gott scheinbar keine aktive Rolle gespielt hat und es wenig Momente gab, in denen bewusst eine Beziehung mit Gott gesucht wurde. Immer wieder beobachten wir, dass an der Grenze vom Leben zum Tod die Fragen nach Gott wieder aufbrechen. An der Schwelle zum Tod steigt das Bewusstsein, dass es im Leben um mehr als nur das Vergängliche geht. Zur Vorbereitung auf das Sterben gehört daher die Ausrichtung auf Gott. Es ist schön, wenn diese schon mitten in der Blüte des Lebens erfolgt und Gott nicht erst dann zum Thema wird, wenn die eigenen Kräfte nicht mehr ausreichen. Genauso ist es aber auch ein Zeichen der göttlichen Gnade, dass Gott jederzeit ansprechbar ist, auch noch mitten im Vorgang des Sterbens – ganz unabhängig davon, wie die Lebensgeschichte ausgesehen hat.

So hat es auch der Verbrecher erlebt, der zusammen mit Jesus Christus gekreuzigt wurde. Er hat in seiner Todesstunde erkannt, dass der Mann am Kreuz neben ihm unschuldig dahängt, während er selber verdient, hingerichtet zu werden: »Wir allerdings sind es zu Recht, denn wir empfangen, was unsere Taten verdienen; dieser aber hat nichts Unrechtes getan« (Lukas 23,41). In diesem Bewusstsein hat der Verbrecher sich an Jesus Christus gewandt mit der einfachen Bitte: »Jesus, denk an mich, wenn du in dein Reich kommst« (Lukas 23,42) und erhält von Christus die Verheißung: »Heute noch wirst du mit mir im Paradies sein« (Lukas 23,43). Dieser Vorgang zeigt eindrücklich, wie unkompliziert und einfach im Kern die Ausrichtung auf Gott ist. Wie dieser Verbrecher steht es jedem Menschen offen, sich im Gebet an Gott zu wenden.

Wir möchten Sie auf einige Wege hinweisen, die sich zur Ausrichtung auf Gott besonders bewährt haben:

♦ Das *Gebet des Herrn*, das »Unser Vater«. Es beinhaltet die wichtigsten Aspekte in der Beziehung zu Gott: Die Anerkennung von Gottes Größe und Heiligkeit und die Bitte um Vergebung und Bewahrung. Es ist ein Gebet, das viele Menschen im Verlauf ihres Lebens kennengelernt haben. Gerade in schwierigen Zeiten, wenn für eigene Worte nicht mehr genug Kraft da ist, können wir uns mit dem »Unser Vater« an Gott wenden.

♦ Die *Psalmen*, z. B. Psalm 23. Gott ist der gute Hirte, der uns auch im Tal des Todes nicht verlässt, sondern uns begleitet. Für immer können wir in seiner Gegenwart sein.

♦ Die *Beichte*, also das Aussprechen konkreter Sünden, denen ich mir bewusst bin. Das entlastet und befreit. Das

Bekennen der Sünde erfolgt im Blick auf die Verheißung der Vergebung: »Wenn wir aber unsere Sünden bekennen, so ist er treu und gerecht, dass er uns die Sünden vergibt und uns reinigt von aller Ungerechtigkeit« (1Johannes 1,9). Gegenüber einem Mitchristen kann ich meine Sünde vor Gott bekennen und höre aus seinem Mund das befreiende Wort: »Dir sind deine Sünden vergeben«.

♦ Das *Abendmahl*. Jesus Christus hat selber vor seinem Tod das Abendmahl eingesetzt. Er hat Brot und Kelch auf seinen Tod hin gedeutet: »Der Herr Jesus nahm in der Nacht, da er ausgeliefert wurde, Brot, dankte, brach es und sprach: Dies ist mein Leib für euch. Das tut zu meinem Gedächtnis. Ebenso nahm er nach dem Essen den Kelch und sprach: Dieser Kelch ist der neue Bund in meinem Blut. Das tut, sooft ihr daraus trinkt, zu meinem Gedächtnis. Denn sooft ihr dieses Brot esst und den Kelch trinkt, verkündigt ihr den Tod des Herrn, bis dass er kommt« (1Korinther 11,23–26). In der Feier des Abendmahls wird mir zugesprochen, dass Christus *für mich* gestorben ist und dass ich *mit ihm* lebe. Es ist verbunden mit der Ausrichtung auf das Leben nach dem Tod, auf die Wiederkunft des Herrn und damit auch auf die Vollendung. Im Abendmahl ist die Zusage enthalten, dass Gott mit mir, mit seiner Kirche und mit der Welt ans Ziel kommt.

♦ Die *Salbung mit Öl*. »Ist jemand unter euch krank, so rufe er die Ältesten der Gemeinde zu sich. Die sollen ihn im Namen des Herrn mit Öl salben und über ihm beten« (Jakobus 5,14). Das Öl ist dabei ein spürbares Zeichen der Gegenwart Gottes. Die Krankensalbung ist dabei nicht einfach ein einmaliger Akt am Sterbebett – die sogenannte »letzte Ölung« – sondern eine Möglichkeit, die jedem Menschen offensteht. Mit dem Wunsch nach der Krankensalbung bringt ein Mensch zum Ausdruck, dass es in seiner Situation nicht nur um eine biologisch-medizinische Sache geht, sondern dass er als ganzer Mensch mit seinem Leib und seiner Seele auf Gott angewiesen ist.

♦ Das *Singen bekannter Lieder* wie z. B. »So nimm denn meine Hände«, »Großer Gott, wir loben dich« oder »Wenn nach der Erde Last, Arbeit und Pein«.

♦ Der *stellvertretende Zuspruch* durch ein Bibelwort. Kann der Kranke scheinbar selber nicht mehr reagieren oder reden, ist es dennoch möglich, ihm ein Wort aus der Heiligen Schrift zuzusprechen. Falls bekannt, kann dies der Tauf-, Konfirmanden- oder Trauvers sein, es kann aber auch ein bekanntes, mutmachendes Wort sein, wie z. B. »Ich bin bei euch alle Tage bis an der Welt Ende« (Matthäus 28,20) oder »Der Herr ist mein Licht und mein Heil, vor wem sollte ich mich fürchten?« (Psalm 27,1).[75]

> Herr K. sucht einen Arzt auf, nachdem er sich mit allerlei ungewohnten Beschwerden herumplagen muss. Dieser stellt einen sehr aggressiven Krebs fest und gibt ihm nur noch einen Monat Lebenszeit. Ganz durcheinander und traurig kommt er nach Hause und bringt seiner Frau diesen schlechten Bericht. Doch tief in seinem Herzen spürt er gleichzeitig, dass es nun höchste Zeit ist, um mit Gott endlich reinen Tisch zu machen. Schon sein ganzes Leben wusste er von Gott, hat auch ab und zu gebetet, aber merkte, dass Gott sich einen größeren Platz in seinem Leben gewünscht hätte. Nun war die »rechte« Zeit gekommen. Im Ge-

---

[75] *Worte für Kranke, Sterbende und Trauernde*, Edition Weißes Kreuz, 2009;
Dan Holder und Martina Holder-Franz, *Ich möchte mit dir sein. Ermutigende Texte*, Riehen: arteMedia, 2015.

bet bat er Gott um Vergebung, dass er so lange an ihm vorbeigelebt hatte und Gott nicht die erste Priorität in seinem Leben gegeben hatte. Gott erhörte sein Gebet, vergab ihm und nahm ihn so an, wie er war. Die Erleichterung und Freude war ihm – trotz Krebs – deutlich anzumerken und er konnte in Frieden sterben und so zu seinem Schöpfer und Erlöser heimkehren. Auch für seine Frau war dies das größte Geschenk, ihn bei Jesus Christus im Himmel zu wissen.

Klärung der zwischenmenschlichen Beziehungen

Zur Vorbereitung auf das Sterben gehört auch die Klärung zwischenmenschlicher Beziehungen. Es ist schön, wenn unsere zwischenmenschlichen Beziehungen ungetrübt sind. Genauso gehört es aber auch zu unserem Menschsein, dass die Beziehungen nicht ideal sind und wir aneinander schuldig geworden sind. Andere Menschen haben mir Unrecht zugefügt. Ich bin aber nicht nur ein Opfer, sondern auch ein Täter. Andere Menschen haben unter mir gelitten – auch dann, wenn ich das gar nicht beabsichtigt habe. Zur Klärung der zwischenmenschlichen Beziehungen gehört daher wesentlich die Vergebung. Dass ich also andern Menschen vergebe, was ich von Ihnen als Unrecht empfangen habe, dass ich selber aber auch um Vergebung bitte, weil ich an andern Unrecht getan habe.

Das gilt ganz grundsätzlich für alle Menschen, es gilt aber auch in besonderer Weise für die eigene Familie. Immer wieder beobachten wir, dass familiäre Beziehungen unter Anspannung stehen. Diese können so weit gehen, dass Eltern und Kinder nicht mehr miteinander sprechen oder dass Ehepartner sich komplett voneinander entfremdet haben.

Für viele Personen ist das eine schwere Last, die sie mit sich herumtragen. Es ist natürlich am schönsten, wenn solche Beziehungen schon dann wieder in Ordnung kommen können, wenn die betroffenen Menschen noch mitten im Leben stehen. Aber auch, wenn es auf das Sterben zugeht, ist es für Versöhnung noch nicht zu spät. Es ist auch nie zu spät, dass Eltern ihren Kindern ihre Liebe und Anerkennung zum Ausdruck bringen – und auch Kindern ihren Eltern.

Manchmal ist die Last im zwischenmenschlichen Bereich so groß, dass man deswegen nicht loslassen kann und zum Sterben nicht bereit ist. Wieviel Entlastung haben Menschen schon dadurch erlebt, dass sie vor dem Sterben sich miteinander versöhnt haben. Wie erleichtert waren die Sterbenden, nun in Frieden gehen zu können. Wie dankbar und froh waren auch die Zurückgebliebenen, dass sie versöhnt von der sterbenden Person Abschied nehmen können.

> Herr A. liegt im Sterben. Nächtelang schreit er laut. Schmerzmittel bringen keine Linderung, auch auf Gebet und Lieder reagiert er nicht. Der Sohn, der sich jahrelang nicht gemeldet hat und mit dem Vater zerstritten ist, kommt ans Sterbebett. Herr A. schlägt die Augen auf und sieht seinen Sohn. Fest drückt er ihm die Hand und schließt dann seine Augen für immer. Es scheint, als ob diese Versöhnung noch notwendig gewesen sei, um dann in Frieden sterben zu können.

Oftmals ist auch der Wunsch da, jemanden nochmals zu sehen, bevor man stirbt, auch wenn es nicht um Versöhnung geht, sondern um ein letztes Wiedersehen auf dieser Erde und um ein Abschiednehmen. Der Sterbende möchte der betreffenden Person noch einmal die Hand drücken oder noch einmal seine Nähe spüren. Da ist es wichtig, diesem Wunsch nachzukommen und diese Person noch ein letztes Mal zu besuchen.

Ein Sohn von Frau M. wohnt in Amerika und kommt nur jedes Jahr zu Weihnachten zu seiner betagten Mutter. Nun geht es aber der Mutter sehr schlecht und sie steht kurz vor ihrem Tod. Sie liegt nur noch im Bett, redet nicht mehr, isst und trinkt fast nichts mehr und reagiert nur noch äußerst geringfügig. Ihr Sohn wurde benachrichtigt, kann aber frühestens in vier Tagen hier sein. Dies wird Frau M. gesagt, ebenso die lieben Grüsse und letzten Worte des Sohnes, die er telefonisch für seine Mutter durchgegeben hat. Ob es Frau M. wirklich noch verstanden hat oder nicht, ist ungewiss. Jedenfalls lebt sie weiter, wenn auch auf sehr reduziertem Niveau. Wie durch ein Wunder übersteht sie die nächsten vier Tage noch. Der Sohn kommt tatsächlich nach vier Tagen, setzt sich an das Bett seiner Mutter, drückt ihr die Hand, küsst sie auf die Stirn, redet mit ihr und verabschiedet sich von ihr. Die Mutter reagiert nicht sichtbar auf seine Gegenwart und er fragt sich, ob sie es überhaupt noch mitbekommen hat. Kaum ist er von ihrem Bett gegangen und spricht draußen vor der Tür mit der Krankenschwester, stirbt Frau M.

Testament

Zur Ordnung der materiellen und finanziellen Angelegenheiten eignet sich ein Testament. Es hilft, dass im Blick auf das Erbe möglichst hohe Klarheit besteht und so auch möglichst wenig Anlass zum Streit gegeben wird. Damit nicht unnötige Schwierigkeiten verursacht werden, soll das Testament den gesetzlichen Regelungen entsprechen.[76] In der Schweiz – und ähnlich auch in Deutschland – sind folgende Punkte zu beachten:

---

[76] Eine Wegleitung zur Erstellung eines Testaments findet man z. B. unter

- Das eigenhändige Testament muss von Anfang bis zum Ende *von Hand* geschrieben, datiert und unterschrieben sein.

- Nachträge müssen ebenfalls von Hand geschrieben, datiert und unterschrieben sein.

- Das Testament enthält den Titel "Testament", Personalien des Erblasser, Widerruf früherer Testamente, Bezeichnung der erbberechtigten Personen und der Höhe des Erbanteils, Vermächtnisse, Testamentsvollstrecker, Ort und Datum sowie die Unterschrift.

- Alternativ zu einem eigenhändigen Testament kann das Testament durch einen Notar in Anwesenheit von Zeugen aufgesetzt werden.

- Das Testament kann zu Hause aufbewahrt oder bei einem Notariat in Verwahrung gegeben werden.

Testamente sind eine wertvolle Möglichkeit, Vermögenswerte und Gegenstände an Institutionen und Werke zu vermachen, deren Arbeit man unterstützen will.[77] Viele spendenbasierte Missionswerke und christliche Bildungseinrichtungen sind für Legate äußerst dankbar. Bedenken Sie jedoch, dass es unter

---

www.ch.ch/de/wie-erstelle-ich-ein-testament (für die Schweiz) [abgerufen am 28.05.2014], bzw. unter www.senioren-ratgeber.de/Soziales/Testament-So-verfassen-Sie-es-richtig-216571.html (für Deutschland) [abgerufen am 28.05.2014]. Ausführliche Informationen gibt es unter www.testamente.ch (für die Schweiz) [abgerufen am 28.05.2014], und www.erbrecht-heute.de/Testament-verfassen.html (für Deutschland) [abgerufen am 28.05.2014].

[77] Ausführliche Informationen findet man unter www.vermaechtnis.ch (für die Schweiz) [abgerufen am 28.05.2014] und unter www.mein-erbe-tut-gutes.de/wie-schreibe-ich-ein-testament-schreiben/ (für Deutschland) [abgerufen am 28.05.2014].

Umständen sinnvoller sein kann, bereits zu Lebzeiten Vermögenswerte zu verteilen, damit nach dem Tod nicht unnötige Spannungen entstehen.

Für Wünsche und Anweisungen in Bezug auf das Sterben, den Tod, die Bestattung und die Trauerfeier ist das Testament *nicht* geeignet. Dieses wird erst mit einer bestimmten Verzögerung eröffnet, so dass die darin geäußerten Wünsche nicht mehr berücksichtigt werden können.

Patientenverfügung

*D*ie Patientenverfügung regelt den medizinischen Umgang für solche Situationen, in denen die betroffene Person sich selber nicht mehr äußern kann. Insbesondere wird festgehalten, ob und in welchen Fällen lebensverlängernde Maßnahmen weitergeführt oder abgebrochen werden sollen und welche Personen bei solchen Entscheidungen involviert sind. Solange sich ein Patient klar äußern kann, kommt die Patientenverfügung nicht zum Zug. Das gilt auch dann, wenn die Äußerung dem in der Patientenverfügung ausgedrückten Wunsch widerspricht. Wenn sich ein Patient nicht mehr klar äußern kann, hilft die Patientenverfügung den verantwortlichen Personen – also den Verwandten und dem medizinischen Personal – beim Fällen von Entscheidungen. Ärzte gewinnen durch Patientenverfügung eine höhere Sicherheit in ihren Entscheidungen und können einfacher auf medizinische Maßnahmen verzichten, ohne Angst haben zu müssen, deswegen belangt zu werden.

Damit Ihre Wünsche berücksichtigt werden können, ist es notwendig, dass Vertrauenspersonen Ihre Patientenverfügung kennen. Wenn Sie eine Patientenverfügung aufsetzen, dann stellen Sie dem Hausarzt und dem Seelsorger Kopien davon zu. Es gibt viele unterschiedliche Varianten von Patientenverfügungen. Wenn Sie wollen, können Sie das Formular der Verbindung der Schweizer Ärztinnen und Ärzte (FMH) benutzen, welches diesem Buch beigelegt ist. Darin können zu verschiedenen Fragestellungen wie Schmerzlinderung, künstliche Ernährung oder Reanimation detailliert Anweisungen gegeben werden. Besonders wertvoll ist auch die Möglichkeit, dass die eigene Haltung zum Leben und damit auch die Motivation für die abgegebenen Erklärungen festgehalten werden können. Wer möchte, kann so auch auf den christlichen Glauben verweisen und festhalten, dass die Verfügung im Vertrauen auf Gott erfolgt, der der Herr über Leben und Tod ist.

Wir empfehlen, sich mit diesen Fragen früh genug auseinanderzusetzen, so lange man noch gesund ist. In manchen Pflegeheimen und Spitälern ist es üblich, dass beim Eintritt das Ausfüllen eines entsprechenden Formulars verlangt wird. Da hilft es, wenn es nicht das erste Mal ist, sich diesen Fragen zu stellen, sondern wenn das innerlich – oder auch schon schriftlich – vorbereitet ist.

Frau T. leidet zwar seit Jahren an Diabetes, aber hat ihre Krankheit recht gut im Griff. Plötzlich verschlechtert sich ihr Zustand rapide und sie muss ins Spital eintreten. Die Abnahme eines Beines scheint unumgänglich. Ob die Operation gelingt ist unsicher und birgt viele Risiken. So kommt die Krankenschwester nebst all den Formularen für die Operation auch mit einer Patientenverfügung, die Frau T. ausfüllen muss. Da sie noch nie eine solche ausgefüllt hat, fühlt sie sich völlig überfordert und bittet mich um Hilfe, um diese Patientenverfügung ausfüllen zu können. Dabei besprechen wir viele grundsätzliche Fragen zum Leben, zum Sterben und zum Leben nach dem Tod.

Organspende

*E*in Organspendeausweis gibt Auskunft darüber, ob jemand die Entnahme von Organen zu Transplantationszwecken im Todesfall gestattet oder nicht. Es ist dabei zu berücksichtigen, dass als Kriterium für den Todesfall der »Hirntod« gilt. Der im Organspendeausweis geäußerte Wunsch ist für das medizinische Personal in jedem Fall verbindlich. Liegt keine ausdrückliche Willensäußerung vor, ist es Aufgabe der Angehörigen, eine Entscheidung entsprechend dem »mutmaßlichen Willen« der verstorbenen Person zu fällen. Gerade weil es nicht einfach ist, diesen »mutmaßlichen Willen« zu kennen, und weil solche Entscheidungen oft unter Zeitdruck gefällt werden müssen, ist das Vorliegen eines Spendeausweises in jedem Fall hilfreich, ganz unabhängig davon, ob man für oder gegen die Entnahme von Organen ist.[78]

An dieser Stelle soll auch die ethische Frage der Organspende kurz thematisiert werden.[79] Dabei geht es hier nicht um die Lebendspende von Organen, wie das zum Beispiel bei den Nieren möglich ist, sondern nur um die Spende lebensnotwendiger Organe, die zwingend mit dem Tod des Spenders zusammenhängen. Eng verknüpft damit ist die medizinische Definition des Todes. Wann ist eine Person tot, d. h.

---

[78] Mehr Informationen zum Organspendeausweis finden Sie unter www.transplantinfo.ch [abgerufen am 28.05.2014], Swisstransplant, Postfach 7952, 3001 Bern. Telefon (+41) 0800 570 234; www.organspende-info.de [abgerufen am 28.05.2014], Telefon (+49) 0800 90 40 400 Organspende der Bundeszentrale für gesundheitliche Aufklärung (BZgA) und www.goeg.at/de/Widerspruchsregister [abgerufen am 28.05.2014], Telefon +43 1 515 61-0.

[79] Siehe dazu die knappe und hilfreiche Diskussion wesentlicher Fragestellungen von Dr. theol. Ruth Baumann-Hölzle, *Organentnahme: Raub oder Geschenk*, in: Antenne April 2014, 4–9.

ab wann darf man einer Person ein Organ entnehmen, ohne dadurch den Tod dieser Person zu verursachen?

Grundsätzlich zu unterscheiden sind a) der *biologische* Tod, nämlich der völlige Zerfall des Zellhaushaltes; b) der *klinische* Tod, also Herz- und Atemstillstand; c) der *Hirntod*, das Ausbleiben messbarer Hirnaktivitäten.[80] Beim Hirntod kann der klinische und biologische Tod durch künstliche Beatmung etc. hinausgezögert werden. Das Problem der Hirntod-Definition ist die Frage der Messbarkeit. Auch wenn keine Hirnaktivität messbar ist, lässt sich nicht ausschließen, dass das Hirn noch aktiv ist. Andererseits ist der Hirntod auch nicht revidierbar. Das heißt: Wenn das Hirn einmal tot ist, ist auch der biologische Tod unausweichlich.[81] In diesem Sinne ist festzuhalten, dass die Hirntoddefinition ein *pragmatisches* Instrument zur Feststellung des Todes ist, das es erlaubt, die biologischen Funktionen des Körpers aufrechtzuerhalten, so dass die für eine Organtransplantation verwendeten Organe in ihrer Funktionalität so gut wie möglich erhalten bleiben.[82]

Im Umgang mit Organtransplantation nennt Burkhardt folgende Kriterien, die aus christlicher Perspektive bei einer Entscheidung leitend sein sollten: [83]

♦ Die Organtransplantation ist als eine Möglichkeit, Leben zu retten, zu würdigen.

---

[80] Burkhardt, *Ethik II/1*, 137.

[81] Burkhardt, *Ethik II/1*, 138.

[82] Eine ausführliche Darstellung und Kritik bietet Michael Kotsch, *Moderne Medizin & Ethik. Band 2*, Lage: Lichtzeichen, 2009, 115–170.

[83] Burkhardt, *Ethik II/1*, 146.

- Die Organspende kann als Akt der Nächstenliebe betrachtet werden, darf aber in keiner Weise als eine christliche Pflicht betrachtet werden.

- Die Organspende muss aus Freiheit erfolgen. Es darf kein Druck vorhanden sein. Eine getroffene Entscheidung, z.B. via Organspendeausweis, hat über den Tod hinaus Gültigkeit. Das gilt auch für die Ablehnung der Organspende.

- Der Tod des Spenders muss vor der Organspende eindeutig festgestellt sein. Nach Burkhardt wäre es wichtig, dass der Spender dem Kriterium des Hirntods – und nicht etwa dem biologischen oder klinischen Tod – als Voraussetzung für die Organspende zustimmt. In den Spendeausweisen ist das in der Regel nicht ausdrücklich erwähnt. Das heißt also: Wer in einem Spendeausweis festhält, dass er bereit ist, Organe zu spenden, stimmt automatisch zu, dass ihm die Organe nach der Feststellung des Hirntods entnommen werden können.

- Jede Form von Organhandel ist zu verbieten.

Es gibt berechtigte Gründe, keine Organe spenden zu wollen. Zum einen ist das Hirntodkriterium umstritten, also die Tatsache, dass es als Voraussetzung für eine Organtransplantation ausreicht, wenn keine Hirnaktivität mehr messbar ist. Das bedeutet, dass erst durch die Entnahme lebensnotwendiger Organe der klinische Tod herbeigeführt wird. Der zweite wesentliche Grund, keine Organe spenden zu wollen, ist der Wunsch, dass der Leib über den Tod hinaus unversehrt bleibt. Beide Gründe sind plausibel, führen aber nicht zwingend zu einer prinzipiellen Ablehnung der Organspende.

Frau B. lehnt die Organspende aus christlicher Überzeugung ab. Gott habe sie mit ihrem Körper geschaffen und ihr ein Leben mit diesen Organen geschenkt, wofür sie sehr dankbar sei. Diese Organe nach ihrem Tod in einem anderen Körper weiterleben zu lassen, erscheint ihr unnatürlich und gekünstelt. Damit ihre Angehörigen und das medizinische Personal von ihrer Überzeugung Kenntnis haben, trägt Frau B. einen Organspendeausweis bei sich, in welchem festgehalten ist, dass sie keine Organe spenden will.

Der Hauptgrund, der für die Organspende spricht, ist der Wunsch, selbst im Tod so viel wie möglich zum Leben anderer beizutragen. Aus dieser Sicht kann die Organspende auch als Ausdruck christlicher Nächstenliebe verstanden werden.

Wir können hier aus christlicher Sicht keine eindeutige Empfehlung für oder gegen Organspende abgeben. Beide Varianten scheinen uns möglich und christlich begründbar zu sein. Eines aber ist aus unserer Sicht klar: Wer selber keine Organe zu spenden bereit ist, sollte konsequenterweise auch darauf verzichten, Empfänger von Organen zu sein.

Wünsche für Trauerfeier und Bestattung

In den emotional oft nicht einfachen Stunden nach einem Todesfall hilft es den Angehörigen und den Betreuenden, wenn die verstorbene Person ihre Wünsche für die Trauerfeier und Bestattung schriftlich festgehalten hat. Die schriftliche Abfassung dieser Wünsche ist auch dann besonders hilfreich, wenn damit zu rechnen ist, dass die Angehörigen unterschiedliche Vorstellungen der Bestattungspraxis haben und sich diese nicht automatisch mit den Wünschen der verstorbenen Person decken. Insbesondere folgende Aspekte sollten geregelt werden:

♦ Bestattungsart: Erdbestattung oder Kremation

♦ Charakter und Ort der Abschiedsfeier

♦ Wünsche für die Abschiedsfeier wie Texte, Lieder, Lebenslauf etc.

♦ Wünsche zur Todesanzeige

Damit die Wünsche bei einem Todesfall auch berücksichtigt werden können, müssen diese den angehörigen Personen und eventuell auch der lokalen christlichen Gemeinde bekannt sein. Es empfiehlt sich daher, Kopien des Formulars den Angehörigen und dem Seelsorger/der Seelsorgerin zukommen zu lassen.

Gerade weil eine christlich geprägte Bestattungspraxis nicht vorausgesetzt werden kann, empfehlen wir ausdrücklich die schriftliche Fixierung der Wünsche. Auf diesem Weg kann eindeutig mitgeteilt werden, dass man eine Erdbestattung und eine öffentliche Abschiedsfeier wünscht – beides Aspekte der Bestattungspraxis, die nicht selbstverständlich gegeben sind.

Die Auseinandersetzung mit Fragen rund um den eigenen Tod ist nicht angenehm. Diesen Fragen auszuweichen ist allerdings auch keine Lösung. Wenn es Ihnen ein Anliegen ist, auch diese letzten Schritte Ihres Lebens so zu gestalten, dass darin die christliche Auferstehungshoffnung zum Ausdruck kommt, dann lohnt es sich, die Vorbereitungen für die letzte Reise bereits jetzt anzugehen, sich mit Gott und Mitmenschen zu versöhnen, das Erbe zu regeln und Ihre Wünsche zur Sterbehilfe, zur Organspende und zur Bestattungspraxis schriftlich zu regeln.

»Leben wir, so leben wir dem Herrn, sterben wir, so sterben wir dem Herrn. Ob wir nun leben oder sterben, wir gehören dem Herrn« (Römer 14,8).

Literatur in Auswahl

Alberti, Manfred, *Vorsorgebuch. Alter – Sterben – Bestattung. Mit hilfreichen Tipps und Checklisten,* Neukirchen-Vluyn: Neukirchener Aussaat, 2015.

Arnold, Walter, *Der Christenglaube und das Sterben,* in: Walter Arnold u. a. (Hrsg.), Der verdrängte Tod, Theologie und Dienst 26, Giessen: TVG Brunnen, 1981, 5–25.

Baumann-Hölzle, Ruth, *Organentnahme: Raub oder Geschenk,* in: Antenne April 2014, 4–9.

Burkhardt, Helmut, *Ehtik. Teil II: Das gute Handeln (Materialethik).* Erster Teil, Giessen: Brunnen Verlag, 2003.

Decker, Rodney J., *Is It Better to Bury or to Burn? A Biblical Perspective on Cremation and Christianity in Western Culture,* 2006, www.dbts.edu/pdf/rls/Decker-Cremation.pdf [abgerufen am 4.10.2014].

Eibach, Ulrich, *Bemerkungen zum helfenden Gespräch mit unheilbar Kranken und Sterbenden,* in: Walter Arnold u. a. (Hrsg.), Der verdrängte Tod, Theologie und Dienst 26, Giessen: TVG Brunnen, 1981, 26–42.

EKD, *Herausforderungen evangelischer Bestattungskultur. Ein Diskussionspapier,* www.ekd.de/download/ekd_bestattungskultur.pdf [abgerufen am 4.10.2014].

Friedrichs, Lutz (Hrsg.), *Bestattung. Anregungen für eine innovative Praxis,* Dienst am Wort. Die Reihe für Gottesdienst und Gemeindearbeit 153, Göttingen: Vandenhoeck & Ruprecht, 2013.

Gerber, Samuel, *Sterben will gelernt sein. Von der Kunst, das Leben loszulassen,* Basel: Brunnen, Neuaufl. 2011.

Grethlein, Christian, *Grundinformation Kasualien. Kommunikation des Evangeliums an Übergängen des Lebens,* UTB 2919, Stuttgart: UTB, 2007.

Holder, Dan/Holder-Franz, Martina, *Ich möchte mit dir sein. Ermutigende Texte,* Riehen: arteMedia, 2015.

Irrgang, Bernhard, *Grundriss der medizinischen Ethik,* UTB für Wissenschaft 1821, München: Ernst Reinhardt, 1995.

Jones, David W*., To Bury or Burn? Toward an Ethic of Cremation,* in: Journal of the Evangelical Theological Society 53, 2010, 335–347.

Jüngel, Eberhard, *Tod,* Themen der Theologie 8, Stuttgart: Kreuz, 1971, 105–120.

Körtner, Ulrich H. J., *Unverfügbarkeit des Lebens? Grundfragen der Bioethik und der medizinischen Ethik,* Neukirchen-Vluyn: Neukirchener, 2001.

Kotsch, Michael, *Moderne Medizin & Ethik. Band 2,* Lage: Lichtzeichen, 2009.

Martin Luther, *Sermon von der Bereitung zum Sterben,* 1519, http://www.bibeltoday.de/today/daten/Vom_Sterben.html [abgerufen am 6.6.2015].

Nüchtern, Michael, *Bestattungskultur in Bewegung,* in: Evangelische Zentralstelle für Weltanschauungsfragen, EZW-Texte 200, 2008, 5–17.

Saunders., Cicely, *Sterben und Leben.* Spiritualität in der Palliative Care, Zürich: TVZ, 2009.

Schockenhoff, Eberhard, *Ethik des Lebens. Ein theologischer Grundriss,* Welt der Theologie, Mainz: Grünewald, 1993.

Schultze, Victor, *Die Katakomben. Die altchristlichen Grabstätten. Ihre Geschichte und Ihre Monumente,* Hamburg: Severus, Nachdruck der Originalausgabe von 1882, 2013.

Schweyer, Stefan, *Gesunder Glaube. Nahrhafte Impulse zum Apostolischen Glaubensbekenntnis,* Riehen: arteMedia, 2013.

Stebler, Christoph, *Die drei Dimensionen der Bestattungspredigt. Theologie, Biographie und Trauergemeinde,* TVZ Dissertationen, Zürich: TVZ, 2006.

Wannenwetsch, Bernd/Spaemann, Robert, *Guter schneller Tod. Von der Kunst, menschenwürdig zu sterben,* Basel/Giessen: Brunnen, 2013.

Worte für Kranke, Sterbende und Trauernde, Edition Weißes Kreuz, 2009.

Unser Name ist Programm!

DMH steht sowohl für unser christliches Werk
Diakonissen-**M**utter-**H**aus St. Chrischona als
auch für unseren Auftrag **D**iakonisch-**M**issionarisch
Handeln. Dabei orientieren wir uns an Leben und
Werk Jesu Christi. Mit Wort und Tat stellen wir uns
den Herausforderungen unserer Zeit immer wieder neu.

Gerade in unseren Pflegeeinrichtungen sehen wir jeden Menschen als eine
einmalige, von Gott geschaffene, bedingungslos geliebte Persönlichkeit. Das
christliche Menschenbild ist Grundlage unseres Engagements. Dieses prägt
die drei Schwerpunkte unserer Arbeit:

Bildung • Begleitung • Heimat

www.dmh-chrischona.org

Ich möchte mit dir sein – Ermutigende Texte

Wie drückt man Anteilnahme aus, wenn alle Worte versagen? Dieses Büchlein ist ein Geschenk für solche Stunden: Bibeltexte, Zitate, Fotos – und bestens verwendbar für Besuchsdienste.

Dan & Martina Holder (Hrsg.)
Hardcover, 96 Seiten
Verlag arteMedia
ISBN 978-3-905290-79-0

Gesunder Glaube

Das Apostolische Glaubensbekenntnis neu ent-
deckt. Dieses Buch ist eine ausgezeichnete
Zusammenstellung von »Grundnahrungsmitteln«
für den Glauben.

Stefan Schweyer
Hardcover, 160 Seiten
Verlag arteMedia
ISBN 978-3-905290-71-4

Übersicht zu den Formularen

Wünsche für die Bestattung:

Auf diesem Formular können Sie Wünsche notieren, die den Angehörigen in den ersten Tagen nach Ihrem Tod viele Entscheidungen abnehmen, und die dazu beitragen, Ihre Auferstehungshoffnung in Jesus Christus zu verkündigen. Dieses Formular sollten Sie an Ihren Pfarrer und Angehörige abgeben.

Medizinische Lebensverlängerung (Patientenverfügung):

Hier geht es um Entscheide über medizinische Maßnahmen, die Sie festlegen können für den Fall, dass Sie sich selbst nicht mehr äußern können. Übergeben Sie Ihrem Hausarzt und Ihrer Vertrauensperson je eine Kopie der Patientenverfügung und bringen Sie sie bei einem allfälligen Spitalaufenthalt mit.

Je nachdem, wie umfassend Sie sich mit dem Thema beschäftigen wollen, haben wir eine Kurzversion und eine ausführliche Version beigelegt. Sowohl in der Schweiz wie in Deutschland sind viele verschiedene Patientenverfügungen im Umlauf, manche davon sind auf spezielle Zielgruppen ausgerichtet. Die hier vorliegenden Formulare stammen von der Verbindung der Schweizer Ärztinnen und Ärzte (FMH) und können auch in Deutschland verwendet werden. In Österreich ist die Gesetzeslage anders, siehe dazu das Hinweisblatt für Österreich.

Organspende-Ausweis:

Den ausgefüllten Organspende-Ausweis sollten Sie immer in der Geldbörse mit sich tragen.

Diesem Buch ist eine Variante für Deutschland und eine für die Schweiz beigelegt. In Österreich ist die Gesetzeslage anders, siehe dazu das Hinweisblatt für Österreich.